わが子ちゃん

3

峰なゆか

CONTENTS

第41話　かわいさポイント二億点！

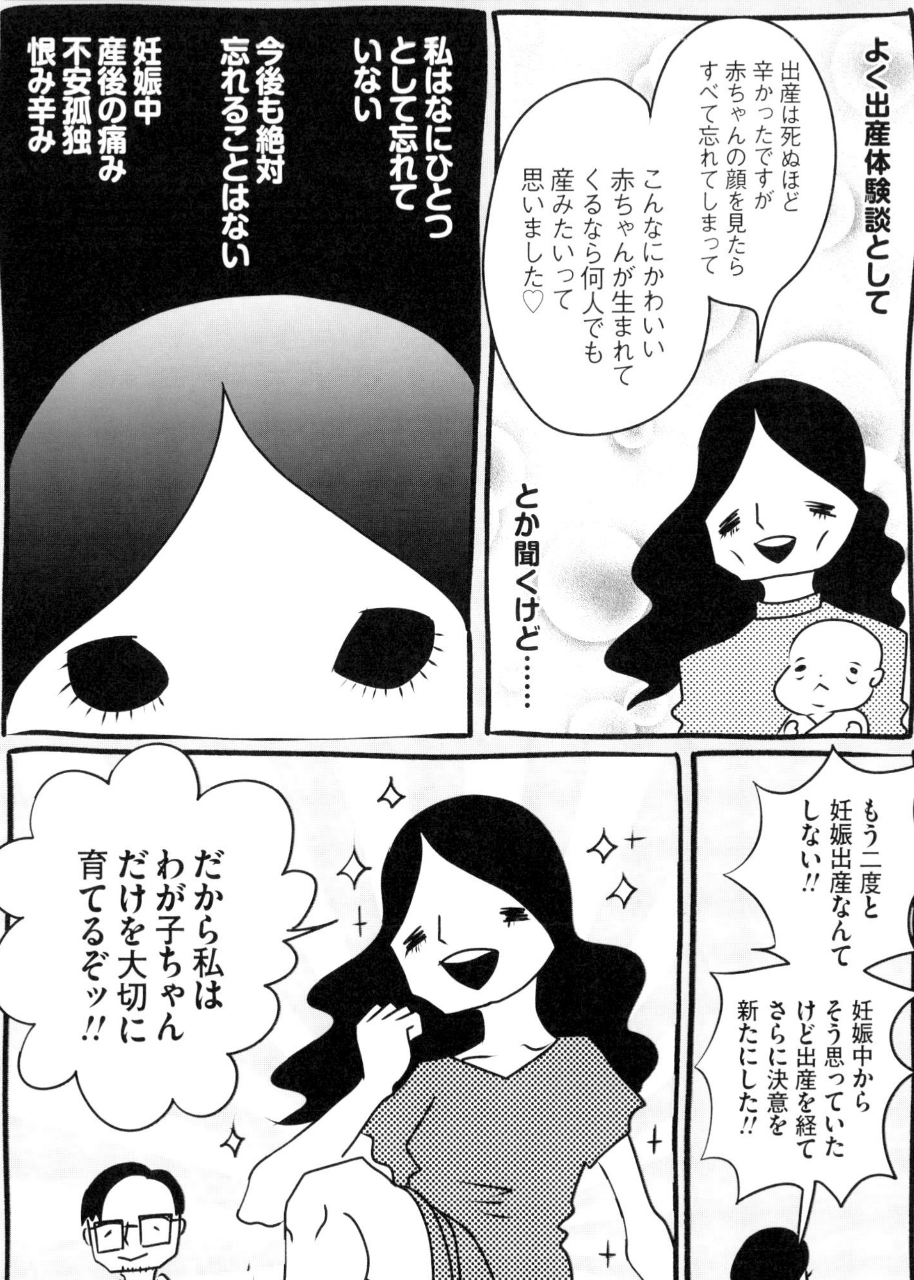
よく出産体験談として
出産は死ぬほど辛かったですが赤ちゃんの顔を見たらすべて忘れてしまって
こんなにかわいい赤ちゃんが生まれてくるなら何人でも産みたいって思いました♡
とか聞くけど……
私はなにひとつとして忘れていない
今後も絶対忘れることはない
妊娠中
産後の痛み
不安孤独
恨み辛み
もう二度と妊娠出産なんてしない!!
妊娠中からそう思っていたけど出産を経てさらに決意を新たにした!!
だから私はわが子ちゃんだけを大切に育てるぞッ!!

わが子ちゃん
生後7日目
いよいよ今日は
わが子ちゃんを
迎えに行く日!
ファザーズバッグに
オムツとお尻拭きと
着替えとおくるみと
哺乳瓶入れて……
病院行って
帰るだけ
なのに
そんな大荷物で
大丈夫?
大丈夫!
両手が使える
抱っこ紐だから
荷物も持てるよ!
なゆちゃん
こそ病院まで
行くの大丈夫?
うん!
今座薬入れて
ちょうど1時間後の
バリバリ痛み止め
効いてる状態だから
なんとか歩行くらいは
できる!
セレブ病
お待たせ
しました〜
お預かりした
お洋服に
着替えさせて
きましたよ
ちまっ
わあ♡
かわいいい♡
よし!
じゃあわが子
ちゃんを抱っこ
紐に入れて……
そっ

あれ？
練習したんだけど本当にこれで合ってる？
なゆちゃんは……
妊娠してるときずっとこういう気持ちだったんだね……
アハハ!!
やっと真に理解してくれたか!!
大丈夫？
息してる？
死んでない？
あの……
ちょっと両手で抱えてないと不安だから申し訳ないんだけど荷物持ってくんないかな？
うん……
いいよ……
股が痛い……
実際だっこしてみてどう？
かわいさポイント何点？
ん～……
25点!!
おっ
7点から一気にあがったね!!

ガチャ
ただいま～
うう……ちょっと無理したから股が痛い……
私は寝室で横になってるけど二人で大丈夫？
ハァ ハァ ハァ
うん！じゃあ僕は早速オムツをかえてみよ！
アハハハハ!! も～!!
なんか楽しそうな声だな～
さっき何笑ってたの？
ああ
さっそくオムツを替えようとしたらオムツはずした瞬間にわが子ちゃんがおしっこしてさ
ヒョコ
慌てて両手でキャッチしたんだけど
全然収まらなくて服がびちゃびちゃになっちゃったんだよ～
ニコ
ニコ
ニコ
いきなりそんなハードモードだったのにあんな笑い声を!?

そして
チャラヒゲ
初めての
授乳……
うう……
ちう
ちう
うちに来てくれたのが
わが子ちゃんで
本当によかった……
他の子だったら
こんなに好きに
なれてなかった
よ……!!
出会って3時間で
そのテンション
すごいね!?
ねえねえ
今かわいさ
ポイント
何点?
百点!!
百点!!
二億点!!!
100
ピコーン!
ピコーン!

でもチャラヒゲは幼稚園の先生だから赤ちゃんのお世話はバッチリだね！
そう！チャラヒゲは幼稚園の先生として勤続15年のベテランなのだ!!
チャラヒゲせんせ〜い！
あの……
幼稚園って三歳以上からだから僕赤ちゃんのことはまったく知らないよ……？
え……!?
あとはチャラヒゲに丸投げで安心だと思ってたのに……？
とりあえず一緒にネットで新生児のお世話について調べよう！
えーと「新生児お世話」っと……
え……？

第42話　私は大きい赤ちゃんだもん

出産直後のママの代表的な一日
6時　起床
授乳とオムツ替えと
朝食の支度
8時　パパ出勤
授乳とオムツ替え
赤ちゃんが寝たら掃除洗濯
10時　授乳とオムツ替え
12時　授乳とオムツ替え
＆ママのお昼ご飯
14時　授乳とオムツ替え
夕飯の買い物
16時　授乳とオムツ替え
洗濯物の片付けとアイロン掛け
18時　授乳とオムツ替え
赤ちゃんの沐浴と夕飯の支度
20時　授乳とオムツ替え
夕飯の後片付け
22時　授乳と
オムツ替え ＆ ママの入浴
24時　一旦就寝
1時　授乳とオムツ替え
3時　授乳とオムツ替え
……このワンオペが「出産直後のママの代表的な一日」なの？
本当に？
こんなに股から血がドバドバ出てる状態で新生児を抱っこして買い物に行くの……？
新生児って外出させちゃいけないんじゃないの？
パパは何をしているの？

うちでは私がまったく動くことができなかったので
チャラヒゲの一日は「出産直後のママの一日」と同じようなものになった
授乳&オムツ替え
私のごはんの用意
洗いもの・洗濯
仮眠
これマジでチャラヒゲが育休取ってなかったらどうなってたんだ……？
僕赤ちゃんのお世話ってもっと大変なものなのかと思ってたけど
今日一日やってみて結構余裕だなって思ったよ！
しかし9か月もの間の体調不良と出産という大仕事を終えたばかりの女と
9か月何の肉体的苦痛もなく過ごしてきた男は違う
しかしチャラヒゲはのちにこの自分の発言を懺悔することになるので
読者の皆さんはぜひ記憶に留めておいてほしい

わが子ちゃん生後8日目
チャラヒゲはわが子ちゃんのお世話もしつつ
かわらず私のお世話もしてくれてたのだが……
ベッドで食べられるご飯にしたよ〜！
妊娠中は食べられなかった生ハムとクリームチーズたっぷりサンドイッチ！
糖質の塊フルーツサンド！
カフェインゴリゴリコーヒー!!
僕はサラダチキン食べるね！
うん！
いただきまーす
ふにゃ……
どうしたの!?
あっ泣き止んだ！
よかった〜!!
なんつーか……
……チャラヒゲはわが子ちゃんにつきっきりだなー……

あっ
今笑った！
ふふっ♡
角度的に私からは全然見えない
なんつーか……
なんか……さみしい……
赤ちゃんばっかり面倒見て私に全然かまってくれない……
でもこれって赤ちゃんが生まれたら嫁が俺にかまってくれなくなったっていう
クソ夫と同じ発想じゃね？
いや私は妊娠も出産もしてるんだからクソ夫とは違う!!

それに赤ちゃんばかりに目がいくのも当然だよね
だって向こうは生まれたてピカピカのかわいい赤ちゃんで
一方私は髪がグチャグチャでスッピンで
腹がブヨブヨで脚がブツブツの
一日中まんこ痛がってるだけのおばさんだから……
うう……う……
違うッ!!
私は……私は大きい赤ちゃんだもん!!
ウ

赤ちゃんだから不満は泣いて伝える!!
うわ〜〜〜〜!!
チャラヒゲが私に構ってくれなくてもうヤダ〜〜〜〜!!
ジタ
バタ
僕の視野が狭くなってた!
ごめん!!
それ以降のチャラヒゲ
ミルク作ってきたけどなゆちゃんあげる?
股が痛いからチャラヒゲがあげるとこ見てる♡
かわいいね〜
うん!
一番かわいいのはなゆちゃんだけどね!
えへへ!
私はマジで赤ちゃん返りした上の子のような扱いを受けることになりましたが満足です!!

第43話　わが子ちゃんはお花の匂い

わが子ちゃん
生後９日目
私は横向きで寝転ぶのと
ものすごくがんばって立ってトイレに行くのが精一杯の活動だった
プル
プル
しかしこれだけ安静にしてもちょっとした腸の動きなどで
キュルル…
ギャアアアアアン!!
出刃包丁を持った野武士が現れる!!

今痛みレベルいくつ!?
１００！
１００!!
じゃあ座薬を……
僕が挿れてあげるね！
自分で挿れるよ!!
ハアハア……
痛みレベル70くらいになった……
僕が座薬挿れてあげるのに……
なんかキモいからその優しさは必要ないよ
私は痛みレベル表を作成してそれでチャラヒゲに調子を伝えていた
カキ
カキ

0 健康
10 痛み止めを飲む
ポポイ
20 とりあえず横になる
30 仕事を休む
すみません……
40 真顔でいることができない
50 立っていられない
60 小声で声を出してしまう
いたぁ……
うぐぅ……
70 救急車を呼んだほうがいいかな?と考え始める
80 救急車を呼ぶ
90 叫ぶ
100 陣痛
120 出刃包丁ぶっ込み

今日は寝ながら食べられるキンパを作ってみました！
ちなみになゆちゃんの痛みレベルは今いくつ？
座薬効いてるから30！
ピニャ〜
オムツかな？
あっうんちだ！
昨日うんち出てなかったから心配してたんだけど
うんち出てよかった〜
うんちいっぱい出たね〜
今うんち拭き拭きするからね〜
うんちうんちうるせえんだよ!!
そんなに連呼する必要なくない!?
ハッ！
ごめん！

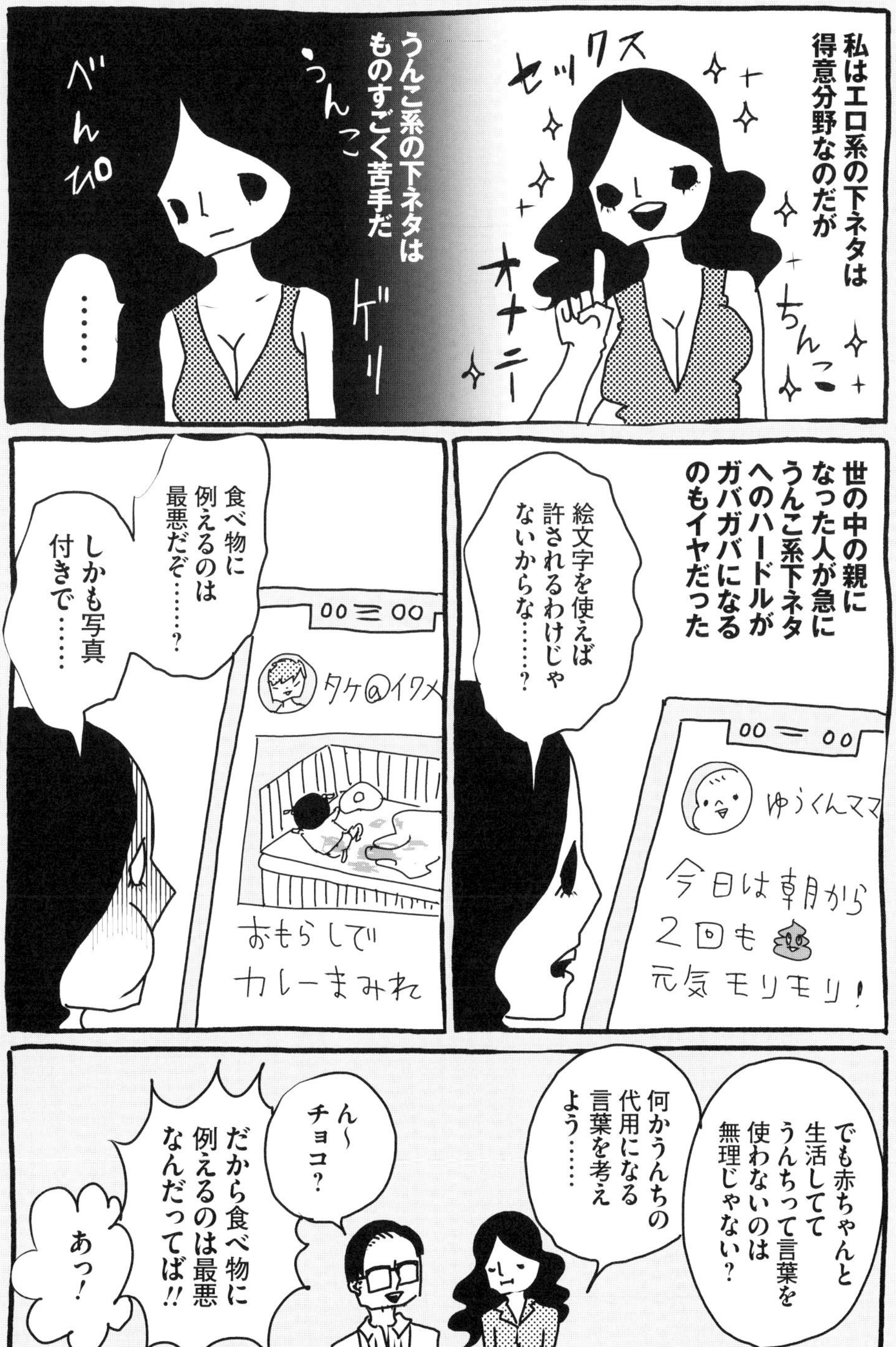
私はエロ系の下ネタは得意分野なのだが
セックス
オナニー
ちんこ
うんこ系の下ネタはものすごく苦手だ
うんこ
ゲリ
べんぴ
……
世の中の親になった人が急にうんこ系下ネタへのハードルがガバガバになるのもイヤだった
絵文字を使えば許されるわけじゃないからな……？
ゆうくんママ
今日は朝から
2回も
元気モリモリ！
食べ物に例えるのは最悪だぞ……？
しかも写真付きで……
タケ@イクメ
おもらしで
カレーまみれ
でも赤ちゃんと生活しててうんちって言葉を使わないのは無理じゃない？
何かうんちの代用になる言葉を考えよう……
ん～チョコ？
だから食べ物に例えるのは最悪なんだってば!!
あっ！

登山の時トイレ行くよって意味で
お花摘んできます
って言うじゃん？
「お花」でよくない？
それいいね！
わが子ちゃんお花咲いたかな～？
今お花摘むね！
いいねいいね！
しかしちょうどタイミング的に花束をたくさんもらう時期だったので
お花の匂いがするね～
僕わかんないけど……
ハナ詰まってんのかな
御出産祝
お花が⁉
詰まる⁉
どこに⁉
すごく紛らわしい!!
あれ？
やっぱ本物じゃないほうのお花の匂いする？
くん…
あっ
お花咲いてる
うちではもう「お花」で定着してしまいましたがこれから決める方には別の単語をお勧めします！

第44話　母乳終了、タバコ解禁

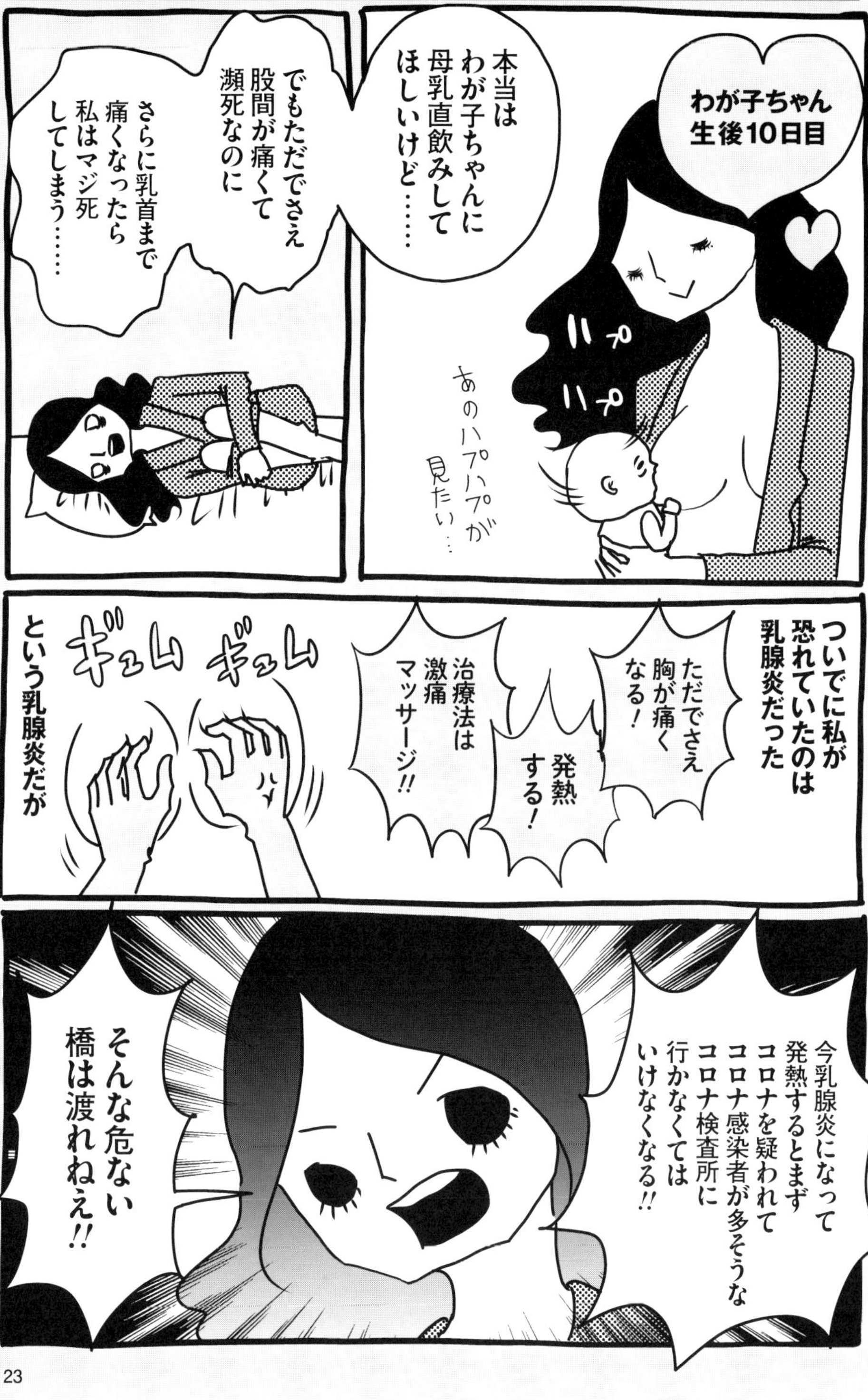
わが子ちゃん
生後10日目
本当は
わが子ちゃんに
母乳直飲みして
ほしいけど……
ハプ
ハプ
あのハプハプが
見たい…
でもただでさえ
股間が痛くて
瀕死なのに
さらに乳首まで
痛くなったら
私はマジ死
してしまう……
ついでに私が
恐れていたのは
乳腺炎だった
ただでさえ
胸が痛く
なる！
発熱
する！
治療法は
激痛
マッサージ!!
ギュム
ギュム
という乳腺炎だが
今乳腺炎になって
発熱するとまず
コロナを疑われて
コロナ感染者が多そうな
コロナ検査所に
行かなくては
いけなくなる!!
そんな危ない
橋は渡れねぇ!!

母乳は出すほど量産される
でも出さないままでいると乳腺炎になる
手で搾るのは痛いから胸がパンパンに張るたびに電動搾乳機の一番緩いモードで時間をかけて少しずつ搾乳して……
ピチョン…ピチョン…
ドモホルンリンクルのCMのよう……
それをチャラヒゲに託していた
これをわが子ちゃんに……
託されました!
出産前は
母乳だと乳首がマジで激痛!
乳首に血を滲ませながらあげた!
なんで搾乳機を使わないんだろ?
と思っていたが
日に何度もやる授乳でいちいち搾乳機から哺乳瓶に母乳を移し替えて赤ちゃんにあげてさらにその後搾乳機も哺乳瓶も消毒するなんてめんどくさいことをするよりかは乳首激痛のほうがマシだからだ!
めんどい
VS
乳首激痛

私の場合は搾乳した母乳をあげるのも消毒もチャラヒゲがやってくれてるからできる行為なんだよな～
ねえねえ！
僕も母乳飲んでみたいよ～！
これだけやってもらって申し訳ないけど産後直後の母乳は初乳と言って
なんか赤ちゃんの免疫とかにいいらしい貴重な乳だからチャラヒゲにあげる分はないんだ!!
御免！
もう少し経って白い成乳ってのが出るようになったらチャラヒゲにもあげるよ♡
うん！
じゃあ楽しみにしてるね！
もしかして母乳の生産が止まった!?
あれ？
気づいたら12時間くらい搾乳してないけど
おっぱいがガチガチになってないぞ……？

祝母乳終了
一万円以上して三日しか使わなかったけど手で搾るよりかは全然痛みを抑えてくれた電動搾乳機ありがとう……
え………僕まだ母乳一滴も飲んでないんですけど……？
トントントン
峰
カチ
スウッ

母乳をやめた日
まず最初にした
ことはタバコを
吸うことだった
スッパー
妊活期間も含めて
約2年ぶりに
吸ったタバコの
味は
まずっ!!
臭ッ!!
だったが
青汁のCMの
ような充実感が
あった
う~ん!!
まずい!!
もう
一本!

ちなみにタバコはもちろんわが子ちゃんのいない屋外で吸い
三次副流煙も吸わせないよう喫煙後は即風呂に入ってしばらく近づかないようにしました!!
なんでこんなどうでもいい情報をわざわざ付け足しているのかというと
子供のいる女がタバコ一本でも吸ったと言おうものなら
赤ちゃんに副流煙を吸わせるなんて!!
母親としての自覚が足りない!
やっぱ無痛分娩だと母性が〜
とか言う虫が大量に湧いてくるからなのです!!
他所の家の子の健康を心から心配する善良な先輩ママさん達の貴重なアドバイスをありがたく受け止めないどころか虫扱いする私の性格は
幼少期に周りの大人たちがところかまわずスパスパ吸っていたタバコの副流煙のせいかもしれませんね!
昭和…
スパ
スパ
みんなも副流煙には気をつけよう!

第45話 偉大なる父、ワンオペ3日で死にかける

僕は……
新生児を一人見るよりも3歳児15人を見るほうがまだ統率が取れる……
ハイッ
キラッキラッ
キラッキラッキラ
手はおひざ〜〜
生まれたて新生児はイージーモードに作られているという
ふえ〜〜〜
排泄物も臭くないし色も白っぽくてキレイな感じだし泣くときの声も小さく
泣いてもすぐに泣き止んで
ハタ…
二秒後くらいになぜ泣いていたのか忘れて寝る
うとうと
あとは基本的にずっと寝ている
ぐぅ…

そして
だんだんと
フニャ……
ノーマル
モードへ
ぴえええええええ
そして
ハードモードに
変わっていく
オギャーン!!
わが子ちゃん
お世話初日
3時間おきに授乳
すればいいんだから
3時間ずつ眠れるぞ!
これを3回
繰り返せば
9時間寝られる
から十分だな!
現実
まずはオムツ
替えてミルク
作って
飲ませて……

飲むの遅いな……
なかなかゲップが出ない……
トン トン
それでまたオムツ替えて……
あっ！オムツから尿が漏れてる！
着替えさせてバスタオル敷いて……
哺乳瓶消毒して……
チャポ…
あれ!? もう3時間経ってるぞ!?
一睡もしてないんですけど!?
またミルク作って……

よし！
やっと寝てくれた！
この隙に僕も寝るぞ！
フニャ～……
わが子ちゃんが泣いてる！
どうした⁉
ガバッ
ケホッ
ミルク吐き戻したか⁉
窒息してしまう！
ガバッ
お花の臭いがする！
オムツを替えなくては！
ガバッ
なんだただの寝言か……
スヤ…
ただの咳だな……
スヤ…
ただのオナラだな……
スヤ…

こうして
チャラヒゲは
わが子ちゃんが
寝てる時でも
少し音を立てられる
だけで飛び起きるので
まったく熟睡
できず
フラ
フラ
もう3日間1時間
連続で眠れてない……
今度こそ
静かに寝て
くれてるな……
スー…
僕も
寝るぞ！
シーーン…
……
生きてる？
乳幼児突然死
症候群になって
ない？
ガバッ
静かなら静かで
また別の不安が
頭をよぎる!!
えーと……
さっき授乳した
のが9時だから
次の授乳は
3時間後の
11時！
9＋3は
12だよ……
もはや
足し算もできなく
なっていた!!

第46話 赤子の腕をひねる

しかしチャラヒゲがわが子ちゃんの生死を心配するのも超わかる
死んでない？
死んでないよね？
生まれる前は腹の中であんなに大暴れしていたと思えないほど新生児は
ちょっと目を離したらふっと死んでしまいそうな弱々しい生き物なのだ
ふわわ…
「赤子の腕をひねる」って慣用句さあ……
アー！それ私も思ってた!!
「赤子の腕をひねるくらい簡単」って意味合いで使われてるけど……
こんなちっちゃくてふわふわの腕ひねるなんて絶対できないよ！
「残酷すぎて無理」に意味を変えたほうがいい!!

そんな私たちも出産前はこんな話をしていた
あのさぁ
割礼って……する？
どうしよう か……？
割礼【かつれい】陰茎の包皮を切除すること
海外では当たり前のようにやる国もあるけど……
日本ではメジャーではないよね
でも日本人男性の七割は仮性包茎だし必要ないんじゃない？
仮性なら何の問題もないんだよ！
怖いのは真性包茎になっちゃった場合だよ！
そこはまぁ様子を見てさぁ
高校生くらいになってもまだ真性だったら手術すればいいんじゃないかな？
そんな多感な年頃に実の親から包茎手術勧められるのってトラウマにならない？
あの…そろそろ高須クリニックに……
うるせーババア!!
なるね……

それに包茎手術した後は1週間くらい勃起しちゃいけないんだよ!?
性欲MAX状態の男子高校生が1週間勃起しちゃいけないとか無理じゃない!?
勃起すると傷口が開いて血まみれになるんだよ!?
でもあんまり早いうちからズル剥けだと
同級生とかにからかわれるんじゃ……
そこは陰毛と一緒で早めに陰毛生えてきた子はからかわれるけど
ある日を境に生えてない側の人がからかわれるようになるじゃん!?
おまえズルムケじゃん!!
おまえまだムケてねーの!?
剥けてるかどうかもそれと同じである日を境に剥けてないほうがからかわれる側になるわけじゃん!?
ところでチャラヒゲって仮性でしょ?
うん!
今の仮性のままとからかわれる時期があったとしてもズル剥けとだったらどっちがいい?
ズル剥け!!
ヨッシャ!!
じゃあやっぱ割礼してもらおう!!

とかっつってた
私たちだったが
出産後
こんなか弱い生き物の
ちんこの皮膚を切り取る
なんて……!!
腕をひねる
より無理!!
こうして
お医者さんから
勧められた
ステロイドを塗って
皮を柔らかくして
少しずつ剥いていく
という地道な方法を
とることにした
後はこれで
真性包茎に
ならないことを
祈ることしか
できない……
でもこれでまた
お世話の工程が
ひとつ増えて
しまった……
ミルクの時間の
管理すらできて
ないというのに……
この「ぴよログ」
というアプリを
使ってみるのは?
ぴよログ?

※ステロイドは、量や薬効の強さなど、医師と相談の上使用するようにしてください

これで赤ちゃんが何時にミルク何ml飲んだかとか
排泄した時間とか記録できて夫婦で共有できるんだよ
〈 わが子ちゃん 〉
3:02 起きる
3:17 90ml
3:25 おしっこ
3:30 寝る
ええっ! こんな便利なものが!
母親界隈では常識のアプリだよ
えーとさっき授乳したのが一時間半前でお花は今日は2回咲いてて……
うう……
なんてわかりやすいんだぴよログ!!
おっ
カスタム機能でオリジナルの項目作れるんだ!
早速「ステロイド」の項目作って……
ついでに「号泣」「絶望」「勝利」の項目を作って……
ポチポチ

※ぴよログから金はもらってません

第47話　ヒモ歴40年パパ君の力量

生後12日目
ついでに「みてね」というアプリも入れよう
ポチ
ポチ
家族LINEとかにわが子ちゃんの写真を載せるとママちゃん的には
もっと！もっと初孫の写真をくれ！
って感じだけどそこまで赤ちゃんに興味ない兄くんからすると
いっぱい通知来るのウザいな～
って感じじゃん
「みてね」なら見たい時に見たい人が見ればいいから便利!!
赤ちゃんの写真が月齢ごとに分けて見られる！
コメント機能もある!!
4 3 2 1 12
ママちゃん
泣き顔もかわい～
妹ちゃん

※「みてね」から金はもらってません

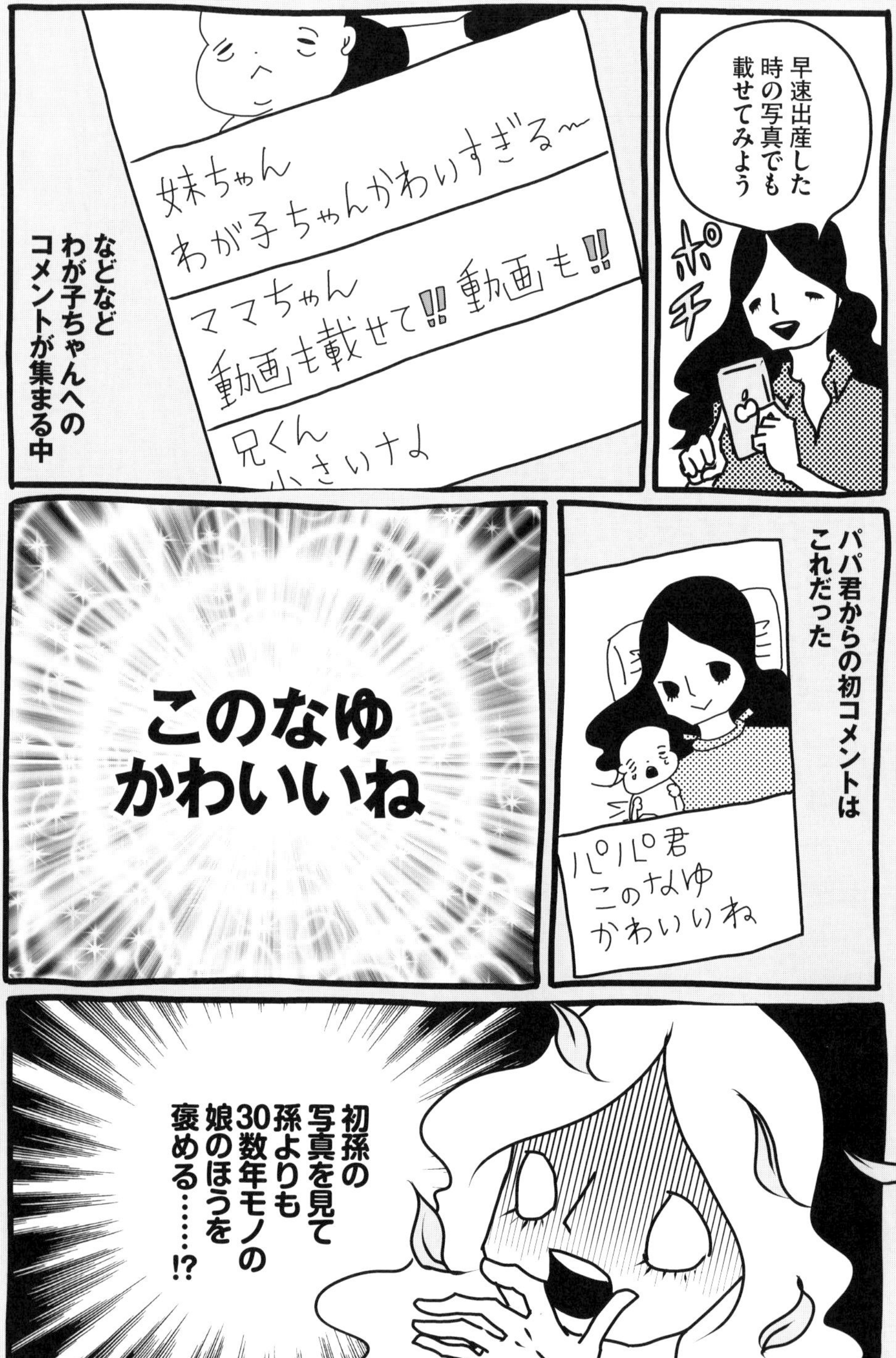
早速出産した時の写真でも載せてみよう
ポチ
妹ちゃん
わが子ちゃんかわいすぎる～
ママちゃん
動画も載せて!!動画も!!
兄くん
などなどわが子ちゃんへのコメントが集まる中
パパ君からの初コメントはこれだった
パパ君
このなゆ
かわいいね
このなゆ
かわいいね
初孫の写真を見て孫よりも30数年モノの娘のほうを褒める……!?

1巻の家系図に
うちのパパ君は
ヒモだと書いたら
「専業主夫をヒモ
呼ばわりするな！」
という批判が来たが
パパ君
ママちゃん
ヒモ
自営業
家事も育児も
仕事もほぼすべて
ママちゃんがやって
いたのでパパ君は
マジモンのヒモで
あってそこらへんの
専業主夫と一緒に
しないでほしい
ロン毛
元バンドマン
家事
お腹減った～
もうすぐできるから!!
映画を観るヒモ
育児
明日の図工でサランラップの芯がいるんだけど
なんでもっと早く言わないの!?
ギター～の練習をするヒモ
仕事
バイトの子からクレーマーが来たって電話あったよ
ダ
すぐ店戻るって伝えて!!
スピーカーをDIYするヒモ

それでもママちゃんはずっと
パパ君のことを愛して
いるのが長らく謎だったのだが
FOREVER LOVE
パパ君今日もイケメン〜♡
だろ?
ここに来てヒモ歴40年のパパ君の力量が露わになった!!
ヒモ一筋四十年
うう……
生まれた側よりも産んだ側を褒める……!!
さすが女心を理解しているヒモ中のヒモパパ君!!
チャラヒゲですら最初はわが子ちゃんばかりに目がいっていたというのに……
それは本当に反省しています……

あっ
ところで
なゆちゃん
股間の痛み
はどう？
出刃包丁から
果物ナイフ
くらいの痛みに
なったよ
ほら見て！
ベッドの上で
上半身も起こせる
ようになった！
チャラヒゲ
鏡と化粧道具
持ってきて！
うん！
やっと上半身を起こせるように
なって初めてしたのは化粧をして
自撮りをすることだった
梅毒で死にかけの
花魁のような根性である

ジ————…
……なんでそんな見てくるの？
お化粧をしたなゆちゃんが美しいからだよ……
いつ聞いてくれるのかと思って待ってたんだよ！
そんなの自分から言えばいいじゃん
そっか！
じゃあ僕はなぜなゆちゃんをじっと見ているでしょう!?
……私が美しいから？
大正解！
ピンポンピンポン!!
美しい……
僕の妻はなんて美しいんだ……ッ!!
……
チャラヒゲは「スッピンのほうがかわいいよ」とかいうアホなことは絶対に言わないぶんヒモとしての素質がある!!

第48話 「峰なゆか」で検索しました

生後13日目
そろそろツイッターでも出産報告してみるか～
ポチ
ポチ
特に目立ったニュースもない日で
あとたぶん載せた写真がオモシロ感があったことから予想していたより反響が大きく
こんにちは!去年からこっそり妊婦として生活していたのですが先日に無事出産しました!初めての家族写真のディストピア感がすごい。
1.3万件のRT 12万件のいいね!
なゆゆさん超超超おめでとうございますー!
えええ…なゆゆが出産!? しかも結婚まで…!!
ご結婚&ご出産本当におめでとうございます!!!
なゆゆがついにあのチャ
おおう……
過去最高いいね数……
それはYahoo!ニュースになりLINEニュースにもなり
Y!ニュース
峰なゆか結婚と出産を発表
LINEニュース
漫画家・峰なゆかが一般男性との結婚&出産

ダダダダッ
知り合いから大量のおめでとうリプ&LINEの返信!
ピロピロピロピロ
結婚と出産おめでとう〜!
中学校の同級生
ピロピロピロピロ
峰なゆかと結婚したんだってな!!
10年以上連絡とってなかった知り合い
ピロピロピロピロ……
また電話が……
ハァ
ハァ
ピロピロピロピロ…
お母さん
ピロ
……もしもし
インターネットでニュース見ました

私は今までチャラヒゲ両親に仕事のことを適当にごまかして話していた!!
※結婚前の会食にて
なゆかさんは何のお仕事をされてるんですか？
絵を描く仕事をしています！
へえ！
どんな絵を描いてるんですか？
ん〜！
雑誌とかに……
人物を描くことが多いですね！
ウソはついてない
だってわざわざなゆちゃんの前職を言う必要なんてなくない？
つっても特殊な仕事だからなあ
だからって
元AV女優との結婚なんてゆるさーん!!
とか言われたところで結婚するのやめるわけじゃないし
息子の嫁が元AV女優だなんて知らないままで寿命が来たら
確かにそのほうがチャラ両親も無駄なストレスがないよね
そうだね〜
まあバレたらその時はその時ってことで

「峰なゆか」で検索しました
Wikipedia
峰なゆか
岐阜県出身の漫画家
元AV女優でもある
来歴
ついに「その時」が来たーー……!!
チャラ母は続けて何か言おうとしていたが
こんな……
チャラヒゲはそれを遮って言った
もし……

もしお母さんが一言でもなゆちゃんを侮辱するようなことを言ったら
俺は一生お母さんのことを許さないからね!!
……
……
チャラ母は侮辱以外の言葉が思いつかなかったのか無言で電話を切りこの日からチャラヒゲは母親とも連絡を取ることはなくなった
私が元AV女優だという理由でチャラヒゲに負担をかけて申し訳ないな……

でも私がAVに出ると決めた時点でゆくゆく結婚とかすることになったら
こういうことになる可能性が高いのはわかってたし
そういう負債も考慮に入れたうえで出演を決めたわけだから私の自己責任だよな……
でもよく考えたらチャラヒゲも元AV女優と結婚とかしたらこういうことになる可能性が高いことをわかったうえで結婚することに決めたわけだし
それはチャラヒゲの自己責任じゃね?
というわけで特に私が気に病む必要はないね!
ポジティブシンキング!!
でもせめてチャラヒゲの心のケアをしよう……
チャラヒゲ……
おっぱい揉む?
ぺろん
揉む……
もみ
もみ

第49話 ベビー服界隈の闇

ちなみにもともとチャラヒゲはジェンダーフリー教育に積極的な人間だ
やっぱ幼稚園児でも「ピンクは女の色！」とか言う子はいるからね～
「先生男だけどピンク好きだよ～？」とか教えてるよ
※チャラヒゲは幼稚園の先生です
なので私も気にせず購入
ピンク！
花柄！
かわいい！
ポチ ポチ
えっと……
わが子ちゃんは男の子だよ？
おいおいジェンダーフリー教育はどうしたんだよ!!
いやわが子ちゃん本人がいわゆる女の子っぽい服を着たいっていうんならもちろん応援するよ？
けど本人がなんの希望もないのにモロに女の子っぽい服を着せてたら絶対
男の子なのに変～
とかって言われちゃうじゃん
それが理由で過剰に男ジェンダーの服しか着なくなるかもしれないし……
たしかに……

ピンク、フリル、レース、花柄、苺柄などは女ジェンダーが強すぎるから避けよう!!
青系、蝶ネクタイ、車、電車、恐竜柄なども男ジェンダーが強すぎるので避ける!!
ウサギは女だよな……?
鹿は男……?
熊は……?
などと考えたところジェンダーレスな服として無地のモノトーンしか選択肢がなくなってしまった
…これだけが正解でそれ以外は好ましくないという扱いにするのは
男の子は男の子らしい服を着るものという考え方よりよほど窮屈なのでは……?
シンプル…
などと考えすぎてもう考えるのがめんどくさくなった私!
もう知らねえ〜!!

何も考えずに男の子ぽいのも女の子ぽいのもかわいいと思ったものを買うぞ～！
ピンクのユニコーン柄
燕尾服柄
この頃にちょうど生まれたての顔のむくみがひいたわが子ちゃんは
なんつーか……
戦後…
戦後の少年……
って感じの顔だね……
三人とも昭和顔だけど年代が違う!!
90年代バブル顔のわたし!!
30年代戦後顔のわが子ちゃん
80年代熱血教師ドラマ顔のチャラヒゲ!!

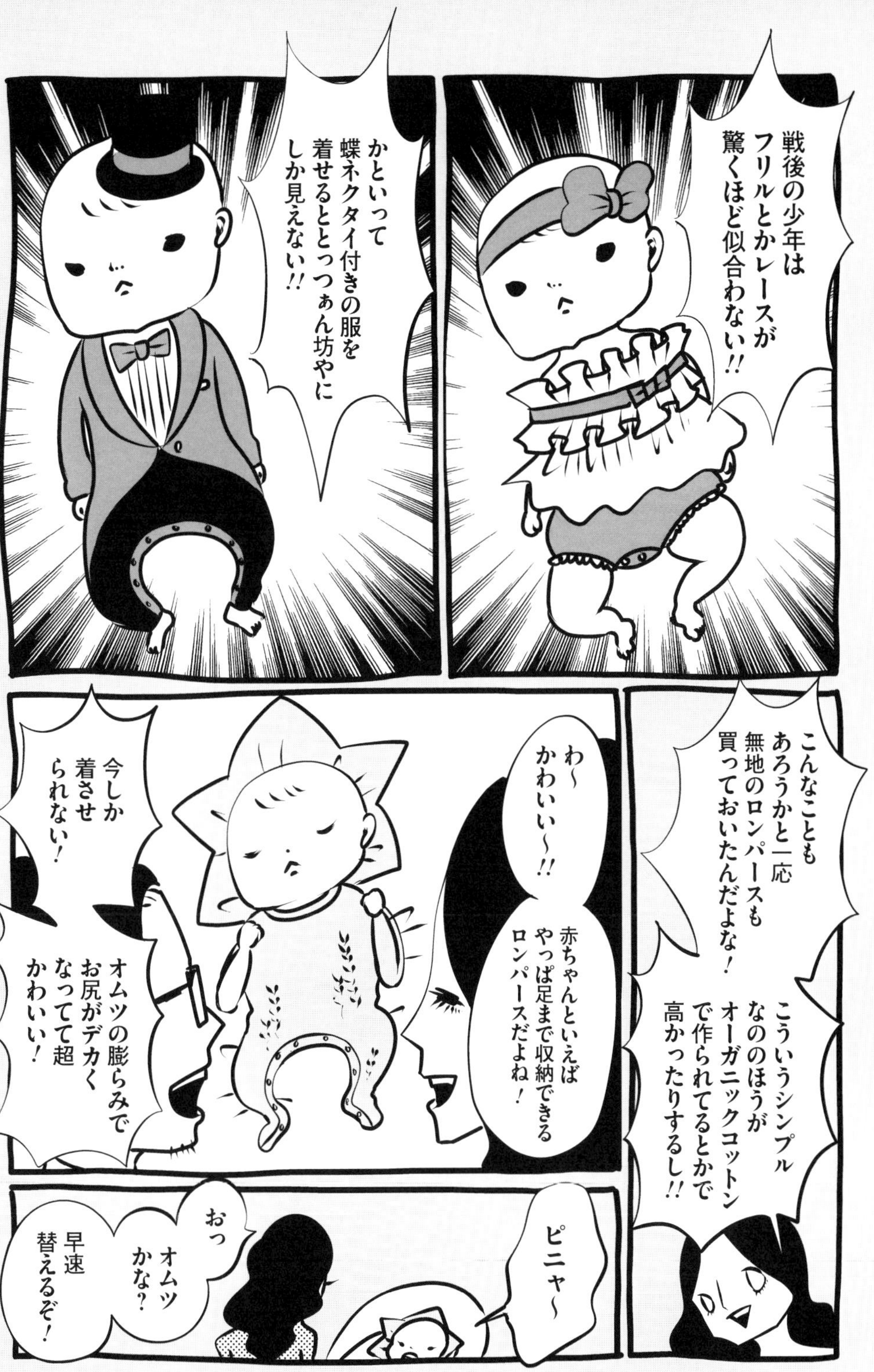
戦後の少年は
フリルとかレースが
驚くほど似合わない!!
かといって
蝶ネクタイ付きの服を
着せるととっつぁん坊やに
しか見えない!!
こんなことも
あろうかと一応
無地のロンパースも
買っておいたんだよな!
こういうシンプル
なののほうが
オーガニックコットン
で作られてるとかで
高かったりするし!!
わ〜
かわいい〜!!
赤ちゃんといえば
やっぱ足まで収納できる
ロンパースだよね!
今しか
着させ
られない!
オムツの膨らみで
お尻がデカく
なってて超
かわいい!
ピニャ〜
おっ
オムツ
かな?
早速
替えるぞ!

プチ プチ プチ プチ
オムツかえかえ
………
プチ プチ プチ プチ
ロンパースって スナップボタンが いっぱいついてて オムツ替えの たびに
いちいち全部 はずしてまた 留めるのが超絶 めんどくせえ～!!
でもうち ロンパース しか買って ないよね……
ハ!
そういえば うちには アレがあった!
渋谷区が妊婦全員に配って いるダサい赤ちゃんグッズ がいろいろ詰められた バッグに入ってた ダサいベビー服～!!
HAPPY!
スカート状 になってる
これが一番使い やすくてずっと これを着せていた
ありがとう 渋谷区……!!
ダサいとか このグッズの 分の現金をくれ とか言って ごめんな……

第50話 会陰切開の謎

今日は2週間検診に行かなきゃな
またあの棒をつっこまれるのかな……
めっちゃ行きたくない……
でも痛み止めの座薬がもうないからもらいに行かないと生活できない……
あの棒
と思っていたらアンケートみたいのを書かされただけだった
なんだこれ？
名前 峰なゆか
Q1.赤ちゃんをかわいいと思えないときはありますか？
ある たまにある 全然ない
Q2.育児を手伝ってくれる人はいますか？
夫 実母 姑 その他
ふむふむ
今のところ大丈夫そうですね～

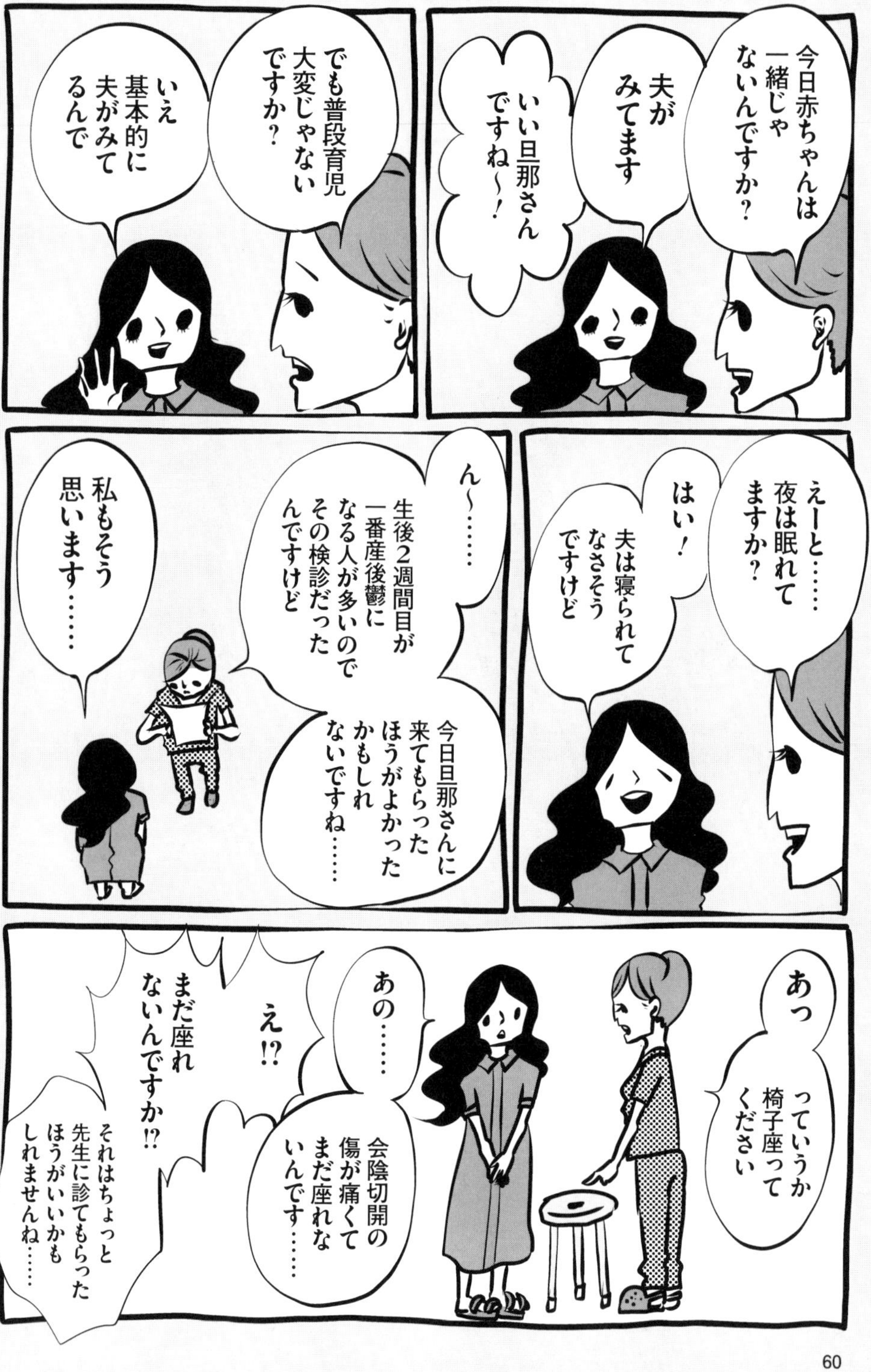
今日赤ちゃんは一緒じゃないんですか？
夫がみてます
いい旦那さんですね～！
でも普段育児大変じゃないですか？
いえ基本的に夫がみてるんで
えーと……夜は眠れてますか？
はい！
夫は寝られてなさそうですけど
ん～……
生後2週間目が一番産後鬱になる人が多いのでその検診だったんですけど
今日旦那さんに来てもらったほうがよかったかもしれないですね……
私もそう思います……
あっ
っていうか椅子座ってください
あの……
会陰切開の傷が痛くてまだ座れないんです……
え⁉
まだ座れないんですか⁉
それはちょっと先生に診てもらったほうがいいかもしれませんね……

私は会陰切開のことをずっと
小陰唇の皮を切ることだと思ってた
CUT!
だって普通分娩の人は麻酔無しで切って陣痛のほうが痛すぎて切られてるのわかんなかったとかいうヤツでしょ?
まさかそんなモロに筋肉とかありそうなとこまで切るわけないっしょ～!!
アハハ
前までは股間全体が痛すぎてよくわかんなかったが
痛みが若干引いてきた今ならわかる……
ハァ
ハァ
ハァ
膣から斜め左下にむけてザックリ切られていることが……
ざくっ

ん〜……?
特に変わったところはないけど……?
?
結局なぜ私がこれだけ会陰切開の傷に苦しめられているのかは謎のままだった!!
ここまで長期間痛がる人は稀らしいので
今後出産予定の人はそんなビビらないでね☆
あ
そういえば痛み止めのついでにピル処方してもらえませんか?
産後は21日目以降じゃないとピル処方できないよ
ていうか二人目考えてないんならピルよりミレーナのほうがいいんじゃない?
え……
でもミレーナって子宮口からプラスチックの器具挿れるってヤツですよね?
コレ
挿れるとき痛いですか?
人によるけど……

でも峰さんは会陰切開の抜糸だけであんなギャーギャー騒いでたから無理かもね～
クスクス……
私は泣きながら帰宅した!!
タクシー横向き寝スタイル
いくらアイライン先生でも……
意地悪すぎるだろ!!
つっても前に比べたら大分股間の痛みもマシになってきたし……
出刃包丁から
果物ナイフへ
そしてアイスピックを
ぶっさされる
痛みへ…
こうなったらいよいよ始めるか!
産後ダイエットを!!

いやでもまだアイスピック程度の痛みはあるわけだし
もうちょっと元気になってからのほうがいいかな～
ゴロン
その時私の脳内でお蝶夫人が言った
バカバカしい
完璧な条件でプレイできることなんて一生に何度もないわ
そうだ！このままいくと
赤ちゃんのお世話が大変だから……
イヤイヤ期だから……
小1の壁が……
反抗期で……
受験で……
とかっつって理由つけて一生ダイエットしないままコースに入ってしまう！
今の今から始めるぜ！
産後ダイエット!!

第51話 ナイスバディのプロの産後ダイエット

確か妊娠前は52キロで出産前日は72キロになってたんだよな
最近まで母乳あげてたし産後2週間でももうけっこう痩せちゃったかな～？
おっ！
65キロまで痩せてる！
2週間で7キロ減！
すごくない⁉
でも出産前日の72キロから赤ちゃん、羊水、胎盤など
物理的に出産で体外に出るものの合計が7キロだからそれを引くと……
脂肪は1gも減ってねぇ～!!

この最高潮に太った状態で
まずはビフォア写真を撮影するぞ!!
もうお腹にわが子ちゃんはいないというのになんだこの腹は……？
この二重アゴは……？
流石に写真係のチャラヒゲも引いていた!!
……
今日から一日一食しか食べないダイエットを開始する!!
え……
でもそれって健康的にどうなの？
でも今まで一日三回作ってたご飯が一回で済むよ……
ピコーン
それに洗い物も一日一回で済むよ……
ピコーン
さらに三食分の食費を一食に詰め込めるよ……
ピコーン

なゆちゃん
一日一食
ダイエット
がんばって!!
がんばる♡
よーし
その分僕も
気合を入れて
ご飯を作る
ぞ!
鮎の塩焼きと
鳥の南蛮漬け!
アサリの赤だしと
炊き立てご飯!
ホカ
ホカ
参鶏湯と
二種類の
ナムル!
キムチ奴に
マグロ
ユッケ!
フワ
フワ
鴨のコンフィ
オレンジソースと
カリフラワーの
ポタージュ!
松の実と
レタスの
サラダ!!
パリィ

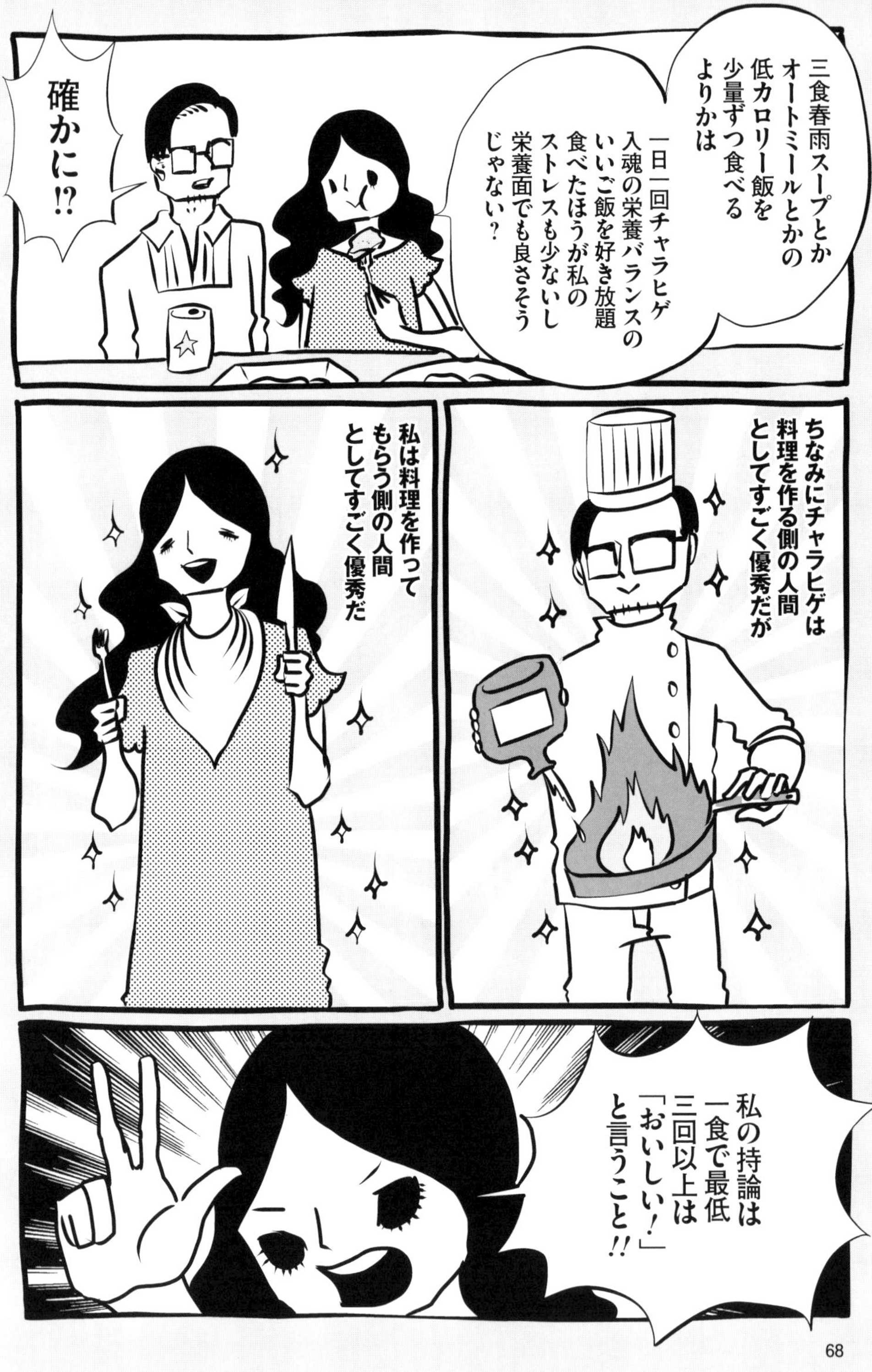
三食春雨スープとか
オートミールとかの
低カロリー飯を
少量ずつ食べる
よりかは
一日一回チャラヒゲ
入魂の栄養バランスの
いいご飯を好き放題
食べたほうが私の
ストレスも少ないし
栄養面でも良さそう
じゃない？
確かに!?
ちなみにチャラヒゲは
料理を作る側の人間
としてすごく優秀だが
私は料理を作って
もらう側の人間
としてすごく優秀だ
私の持論は
一食で最低
三回以上は
「おいしい！」
と言うこと!!

まず最初の一口目！
料理を作る側としてはここが一番緊張する瞬間なので
パク
おいし〜！
一口食べて即「おいしい！」と言って安心させる
それから他の料理もおいしいと思ったポイントを細かく説明する
わあ鴨の皮がパリパリでオレンジとよく合う〜！
サラダもシンプルなのにおいしい！
このドレッシングはどうやって作ったの？
そして食後
は〜おいしかった！
ごちそうさま！
お粗末さまでした
どこも粗末じゃないよ!!
もし失敗作が出てきたとしても
このお浸しちょっとしょっぱかったね……
ごめん……
ん〜……
でも野菜の茹で加減はバッチリだね！
と褒められるところを探して褒める！
これが料理を作ってもらう側の人間の最低限の礼儀だ！

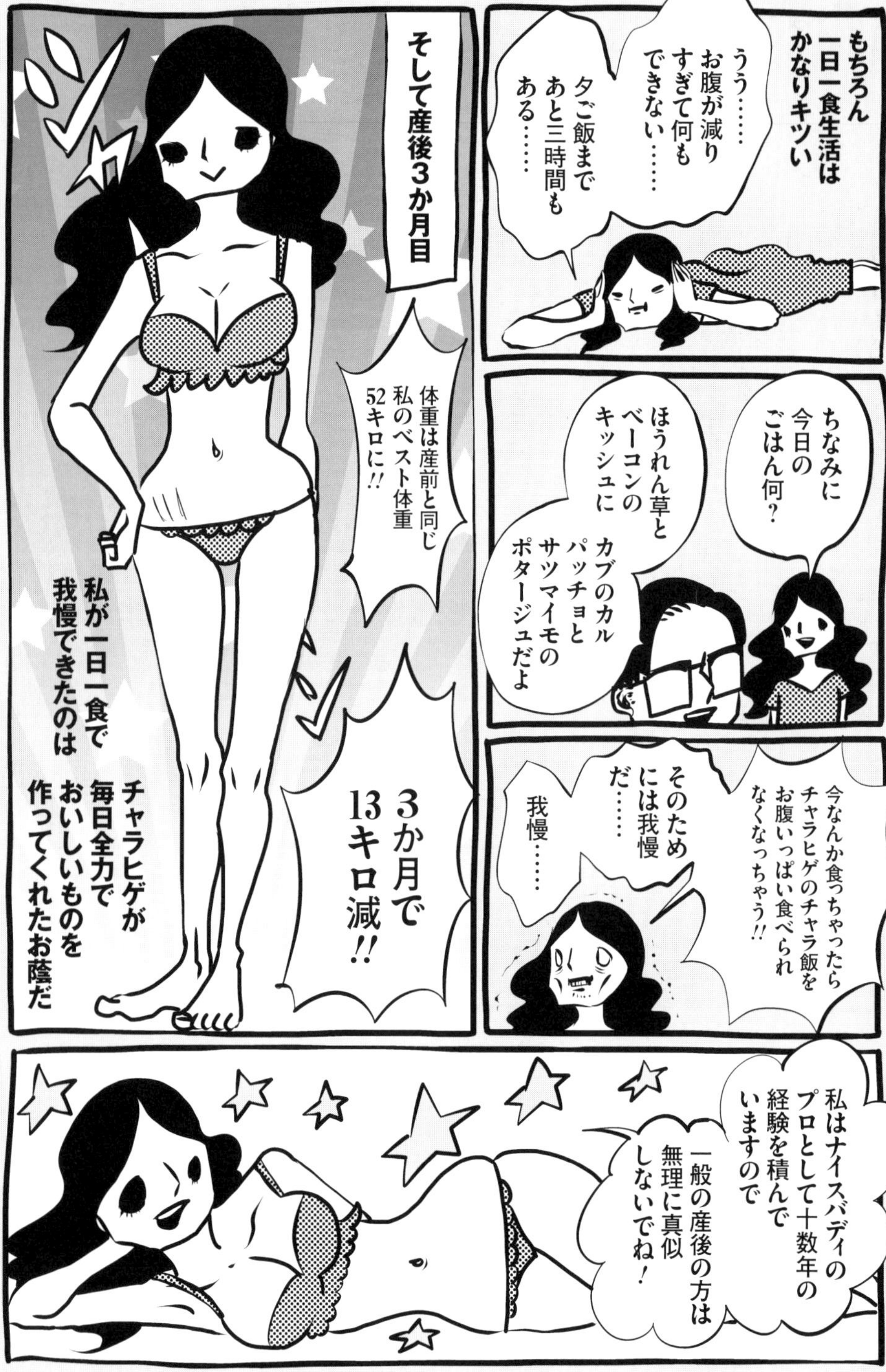
もちろん一日一食生活はかなりキツい
うう……お腹が減りすぎて何もできない……
夕ご飯まであと三時間もある……
ちなみに今日のごはん何？
ほうれん草とベーコンのキッシュにカブのカルパッチョとサツマイモのポタージュだよ
今なんか食っちゃったらチャラヒゲのチャラ飯をお腹いっぱい食べられなくなっちゃう!!
そのためには我慢だ……
我慢……
そして産後3か月目
体重は産前と同じ私のベスト体重52キロに!!
3か月で13キロ減!!
私が一日一食で我慢できたのは
チャラヒゲが毎日全力でおいしいものを作ってくれたお蔭だ
私はナイスバディのプロとして十数年の経験を積んでいますので
一般の産後の方は無理に真似しないでね！

第52話 魔の3週目

生後
3週間目
おはよ〜
コーヒー飲む?
うん!
ズズー…
え!?
うちに赤ちゃんがいる!?
毎日股間が痛すぎて意識してなかったが少し余裕が出てきたので赤ちゃんがいることにびっくりするようになった!!
そして私は相変わらずアテレコをしていた!!
わが子ちゃんそろそろ寝ないの〜?
寝ナイノ!!

そっか〜
なんで寝ない
のかな？
今夜ハ偉大ナル
父トパーティー
スル!!
イエーイ!!
父とパーティー
だ〜!
わが子
ちゃん……
寝ないの？
ウン！
タカラ
ジエンヌノ
物真似シテ〜!
じゃあ馬に乗る
タカラジエンヌ
やりまーす!
偉大ナル父ニ
抱ッコシテ
ホシイ!!
偉大ナル
父イーッ!
うん……
しかし日を追う
ごとにチャラヒゲの疲労
が蓄積されていくので
最早アテレコに反応を
する余裕もなく
なっていった!!
さらに泣き声も
どんどんハード
になってゆく
前までこんな
泣いてたっけ？
おぎゃあああああん!!
HAPPY!
おぎゃあああああん!!
ボリュームも
桁違いだ……

わが子ちゃんが
全然寝ない……
オギャー!!
前まではミルク
あげたらスッと
寝てくれてた
のに……
あの……
引かないで
聞いてほしい
んだけど……
ピギャー!
何?
重……
僕……
最近たまに
わが子ちゃんが
かわいいと
思えないときが
あるんだ……
軽
えー?
別にちゃんと
お世話さえ
してれば
365日24時間
かわいいと
思ってなくても
よくない?
そ……
そうか
な……?
おぎゃあああああん!!
でもずっとこんな
泣き続けるの……?
いつまで……?

10か月ずっと健康体だった僕でさえこんな状態なのだから
オギャアアアーン
フラフラ
フラフラ
フラフラ
世の産後のダメージを受けたままの母親たちはどうやって赤ちゃんを育てているんだ……？
夫が全く育児しない家庭は……？
ヒッ！
しかも双子だったりしたら……？
ヒッ！
さらに上の子がいたら……？
ヒエッ！
まだ私はベッドに寝転がってる以外何もできない状態なのでチャラヒゲとお世話を代わってあげられない……
ズキ
ズキ
ズキ
ズキ
せめて「新生児　夜泣き」とかで調べてみよ……
ポチ

「何をしても泣き止まない時は部屋を離れて10分～15分赤ちゃんを放置するのも一つの方法です」
だって
やってみよっか
1分目
おぎゃあああああん！
……
3分目
おぎゃあああああん!!
……
こんなに泣いてるのに放置なんてできないよ!!
オギャ
ああ……こんなに顔を真っ赤にして……
オギャ
オギャ
放置以外のもうちょっと別の方法はないのか……？
あっ！

「魔の3週目」って知ってる!?
知らない!! なにそれ!?
3週目くらいの赤ちゃんは何しても泣く時期なんだって
え!? なんで!?
えーと……
「諸説ありますが赤ちゃんは生後3週目くらいでもうママのお腹の中にいないことに気が付いて不安な気持ちになり泣くと言われています」……
え!?
オギャアアン!!
今までお腹の外に出てきたことに気付いてなかったってこと!?
「もしかしてここ……お腹の中じゃない……!? じゃあどこ……!?」
って不安で泣いてたってこと!?
HAPPY
かわいすぎるだろ……!!

第53話「妻　死んでほしい」

生後4週目
立ち食い
私はいまだに椅子に座ることができないでいた
椅子に座ることで
もしまたあの「プチ……」が来たら……
五寸釘が一本突き出ている椅子を差し出されて
ジャキーン
ハーイ！目を閉じてこの椅子に勢い良く座ってください！
うまいこといけば釘が股の隙間から突き出るので無傷ですみまーす!!
と言われている感じ
こわいこわいこわい無理!!

しかし
この日……
プル
プル
なゆちゃん
がんばれ!
プル
プル
プル
痛くない♡
椅子!!
すごいぞ
椅子!!
ずっと立って
なくていい!!
座って
ご飯が
食べら
れる!!
溜まってた
仕事も
やっと
できる
ぞ!
ダダダダダダッ
椅子
すごい!
今年のノーベル
平和賞受賞者は
椅子ッ!!
椅子
フィーバーが
起こった!!

よし！
会陰切開の傷も治ってきたし私が一日6……
いや5……
やっぱ4時間！
4時間わが子ちゃんのお世話を交代するよ！
え!?
そんなのダメだよ！
なゆちゃんの妊娠中も出産も僕は1秒も代わってあげられなかった!!
だから少なくとも9か月は僕が完全にワンオペする!!
でも……
ゲソ…
さてまたミルクを作らなくては

このスプーン1杯で20ml分だから……
1杯……
2杯……
3……?
ミルク
あれ?
僕何杯目まで入れたっけ?
もう数も数えられなくなってるじゃん!!
今のはたまたまちょっとボーッとしちゃってただけだよ!
ミルク
もっかい最初からやるぞ!
1杯……
2杯……
3杯……
ミルク
時におやっさん今何時でぃ?
時そば
へい9時で!
えーと9の次は10……?
あれ……?
ミルク
ほらやっぱり数が数えられないほど弱ってる!
今のはなゆちゃんがジャマしたからでしょ!!

つーか世の
ワンオペしてる
母親はみんな
発狂してる
じゃん⁉
新生児の
ワンオペ
なんて無理
なんだよ‼
チャラヒゲが
がんばって
ワンオペを
続けた結果
「妻 死んでほしい」
とかで検索されたり私の
悪口を言うためだけの
裏垢を作られたりする
ほうが迷惑だから‼
妻 死んでほしい
@裏ヒゲ
今日も赤ちゃんギャン泣き
なのに妻は熟睡……。
埋めてきます。
だから今の
チャラヒゲの
一番重要な仕事は
少しでも
睡眠時間を確保
することだから
そこを全力で
やって‼
そ……
そんなふうに
言ってくれて
ありがとう‼
じゃあ
お言葉に甘えて
僕は寝るね‼
うん！
おやす
み～！
さてと私は
わが子ちゃんの
お世話を
がんばるぞ！

1時間目
わが子ちゃん無料ふれあいコーナー！
餌やり体験!!
2時間目
う……もう結構しんどいな……
腰がいてえ……
ホニャア
フニャア
3時間目
もう限界だ!!
でもチャラヒゲはぐっすり寝ているから今代わってもらうのはちょっと……
がんばれ自分!!
限界を超えろ!!
4時間目
ん～!!
完全に限界を超えました!!
チャラヒゲ～!!
申し訳ないけど私はもう無理なので代わってくれ!!
4時間も寝られたの
わが子ちゃんが家に来てから初めてだよ！
なゆちゃん本当にありがとう！
すげー疲れたから私も今から寝るね！
しかし4時間も赤ちゃんのお世話をして私は立派だな!!
……でも残りの20時間はずっとこれやってるってことだよね？
ゾ…っ

第54話　ブラック配偶者を許すな

これからは毎日一日4時間交代することにしよう!
え!?
そんなの本当にいいの!?
この4時間の間チャラヒゲは雑誌を読んだりネットを見たりそれわが子ちゃんが寝てる隙にできるやつだろみたいなことをすることも多かったのだが
ポパイ
いつ泣き出すかわからない赤ちゃんの責任者をやりながらネットを見るのと
ドキドキ
少なくとも4時間は絶対邪魔されない環境でだらだらネットを見るのとではものすごい違いがあるのだろう
リラックス!
この4時間は私もいつ泣くかわからないわが子ちゃんの横で集中して仕事するのなんて無理だ!!
ホニャ…
代わりに趣味の時間にしよ〜っと!

さてと……
ぺらり
ふにゃ～～～!!
おっ
オムツかな?
ピコ ピコ ピコ ピコ
ホニャ～～～!!
あっ
ミルクの時間だね!
読書とかゲームもすぐに中断しなくてはいけないので全く集中できない!!
やりたいことができないストレスがすごい!!
私が全然やりたくないことと言えば……
掃除だ!!
ピコーン
わかったぞ!
逆に全然やりたくないことをやればいいんだ!!

五徳を磨き
換気扇の掃除をし
急須の茶渋を取って
フローリングの溝に詰まったゴミを取って……
キッチンのゴミ箱を丸洗いして
カリ カリ カリ カリ カリ
ホギャ～!!
わが子ちゃんどうした!!
掃除は別に全然やりたいことではないので中断されてもまったくストレスではない!!
むしろ中断させてくれてありがとう!!
それでも掃除が完了すると充実感があるな～!
フフフ……
チャラヒゲも喜ぶのでは!?
わが子ちゃん見ててくれてありがとう～!!
え!?
しかもなんかキッチンがキレイになってる!?

ヘヘン!!
冷蔵庫の中の棚も拭き掃除したし
洗い物の籠もゲキ落ちくんで磨いたんだ〜!
そっか……
ごめん……
え!?
なんでチャラヒゲが落ち込むわけ!?
だって僕が育児全部やるって言ってたのに……
結局お世話代わってもらってる上に掃除までしてもらって……
それになゆちゃんは仕事してて僕はしてないのに……
オイ!!
チャラヒゲはめっちゃ仕事をしている!!
むしろ前よりハードワークだ!!
日に20時間労働だぞ!?

だいたい私はフリーランスだから育休とったら収入が完全にゼロになるけど
チャラヒゲは今まで正社員として働いてくれてたから
そのお蔭で今育児休業給付金が出てるわけじゃん!?
でも育児休業給付金は基本給の67％しか出ないからって
残りの33％分のぶんなゆちゃんが払ってくれてるし……
とりあえず33％の3か月分まとめて置いとくね～
「払ってくれてる」とかじゃないんだよ!!
払って当然なんだよ!!
ていうかこんな長時間労働をさせて残業代とか渡してないんだから
むしろ私はブラック配偶者だ!!
ブラック配偶者を許してはいけない!!
労基署に訴えろ!!
ブラック配偶者
残業代よこせ
夜間手
つけろ

でもなゆちゃんが
4時間わが子ちゃん
みててくれるぶんの
給料僕渡してないし……
なゆちゃんの仕事って
時給換算すると
4時間分でいくらに
なるの？
おず…
ん〜!!
それ
言われると
結構な額に
なって
しまうね!!
じゃあチャラヒゲの
残業代は私の
4時間労働とで
相殺ということ
でよろしく!!
まあそれ言えば
妊娠出産を先進国で
代理母出産で行った
場合で金額換算すると
2千万円とかになる
わけだから
チャラヒゲは私に
2千万円分の負債を
負っている状態
なのだけど……
そこは
言わないで
おいて
あげよう……
優しさ…

第55話 男の子でよかった

もともとコロナへの危機感を早いうちから持っていた私だったが
2020年2月
なんか中国のなんとかって都市の新型のウイルス?
みたいなヤツがヤバいんでしょ?
母子感染するかもわかんないしちょっと怖いから人の多いとこ行くのはやめとこ
そう?
でもなゆちゃんが心配ならやめとこっか
3月
コロナのせいで卒園式が中止になっちゃったよ!
しょうがないじゃん
親御さんにとってその子の卒園式は一生に一回しかないんだよ!?
4月
わが子ちゃんが家にやってきてからはチャラヒゲも警戒心が強くなっていた
ゼロ歳児がコロナ感染ってニュース見た?
見た
こわいよね……
できる限りの感染予防をしよう!
日用品や調味料などAmazonで頼めるものは注文!
玄関のドアに張り紙貼っといたよ
置き配でお願いします。
印鑑はポストに入ってます。
峰

生鮮品の宅配は常に予約一杯だな……
これだけは自分で買いに行くしかない
クソ…
というわけで唯一の外出はスーパーのみ
いってきまーーす!!
もちろんマスク着用で
なるべく空いてる時間に行き持てるだけ買う
ゼェゼェ
ハァハァ
スーパーマル
帰宅したら玄関で服を脱ぎゴミ袋に密閉
ギュ!
ウイルスが死ぬという24時間後まで放置したあとすべて洗濯!!
ゴウン
ゴウン
そのまま即シャワーを浴びる!
シャワ
その間私とわが子ちゃんは寝室に避難しておく!!
これだけやれば感染は防げるだろ!

ヒョコ
あの……
なゆちゃん……？
チャラヒゲ？
なんでそんな遠くから話しかけてくるの？
僕いま測ったら熱が37・8℃あったんだけど……
え!?
他の症状は!?
なんか体がダルい感じがする
コロナの症状じゃん!!
なゆちゃんは？
熱はない？
え……
ないと思うけど……
いや待てよ
よくよく考えれば
ちょっと熱っぽいような気もする……
そういえば体もなんかダルいかも
ピピピッ
気のせいでした！

ど…… どうしよう？
とりあえずチャラヒゲは今から寝室に行ってそこから出ないで!!
今日は私はわが子ちゃんといっしょにリビングで寝るから
明日の朝まで様子を見てみよう！
わかった！
まず病院？
保健所に連絡？
でもコロナは37・5℃以上が4日以上続いたら連絡っていうし……
明日の朝も熱が下がらなかったり他の症状が出ていたら？
イヤすぎて考えないようにしてたけどもしわが子ちゃんが感染したら……？
毎回ミルク飲むだけであんな必死になる生命体が
何日も熱を出して苦しそうにするなんて見ていられない
薬は安全なのか？
重症化したら？
ていうか新生児に使えるような人工呼吸器なんてあるのか？
もしかして万が一わが子ちゃんが死んでしまったら？

私もすでに感染していてわが子ちゃんにはまだ感染していないことを想定して
マスク着用！
我が子ちゃんに触れる前は必ず丁寧に手を洗うぞ!!
でも今から朝までわが子ちゃんを私一人でお世話するの……？
ピニャ〜〜〜〜!!
ハッ!! オムツか!?
オムツ交換！
泣き止まない!!
ミルクを作るぞ！
飲まない！
もういらないのか!?
まだ泣く!!
またオムツ!?
10分前に替えたばかりなのに!?
ふぃん
ふぃん
ふぃん

このチョイ漏れか⁉
このチョイ漏れのせいで泣いてるのか⁉
ぴえぴえ
ふぃ〜〜〜ん
暑いとか寒いとかなのか？
汗かいてないから暑いわけではなさそうだけど……
ハ‼
さっきオムツ替えたときいつもより金玉が縮こまってた気がするんだけど
もしかして寒いってことなのか⁉
エアコン‼
布団追加‼
スャピ……
金玉のサイズが通常に戻っている……
寝てくれた……
妊娠中から性別はどっちがいいとかいう希望は特になかったのですが今回ばかりは初めて思いました
男の子でよかった……‼

第56話 寝る、寝ない、泣く、たわし、パジェロ

夕方の6時か……
そういえばお腹減った……
チャラヒゲはキッチンに立てないから私が夕ごはんの用意をしなくては！
今日は麻婆豆腐と棒棒鶏とワンタンスープの予定だよ
下拵えしといたワンタンは冷蔵庫のチルド室で
麻婆豆腐用の五香粉と花椒はレンジ台の引き出しの上から3段目に入ってて……
もちろん ワックドゥーなどは使わない チャラヒゲ
ん〜!!
ウーバーイーツでケンタッキー頼も〜っと!!
寝室の前の廊下にチキン置いといたよ
ありがとうなゆちゃん……

そろそろわが子ちゃんの沐浴の時間だな
病院で一回看護師さんにやり方教えてもらったけど
どうせ退院したらチャラヒゲがやるしと思って
あんま覚えてない……
えーと
まずバスタオルと着替えを用意して
せっ
せっ
ベビーバスを冷蔵庫の上から取り出して
ヨイショ
シンクを片付けてベビーバスにお湯を張り……
ぐちゃあ…
ピニャ〜〜〜!!
無理!!
看護師さんが赤ちゃんが熱を出したときとかの緊急事態は
濡れタオルで体拭くだけでもいいって言ってたな!
今は紛うことなき緊急事態だ!!
ゴシゴシ

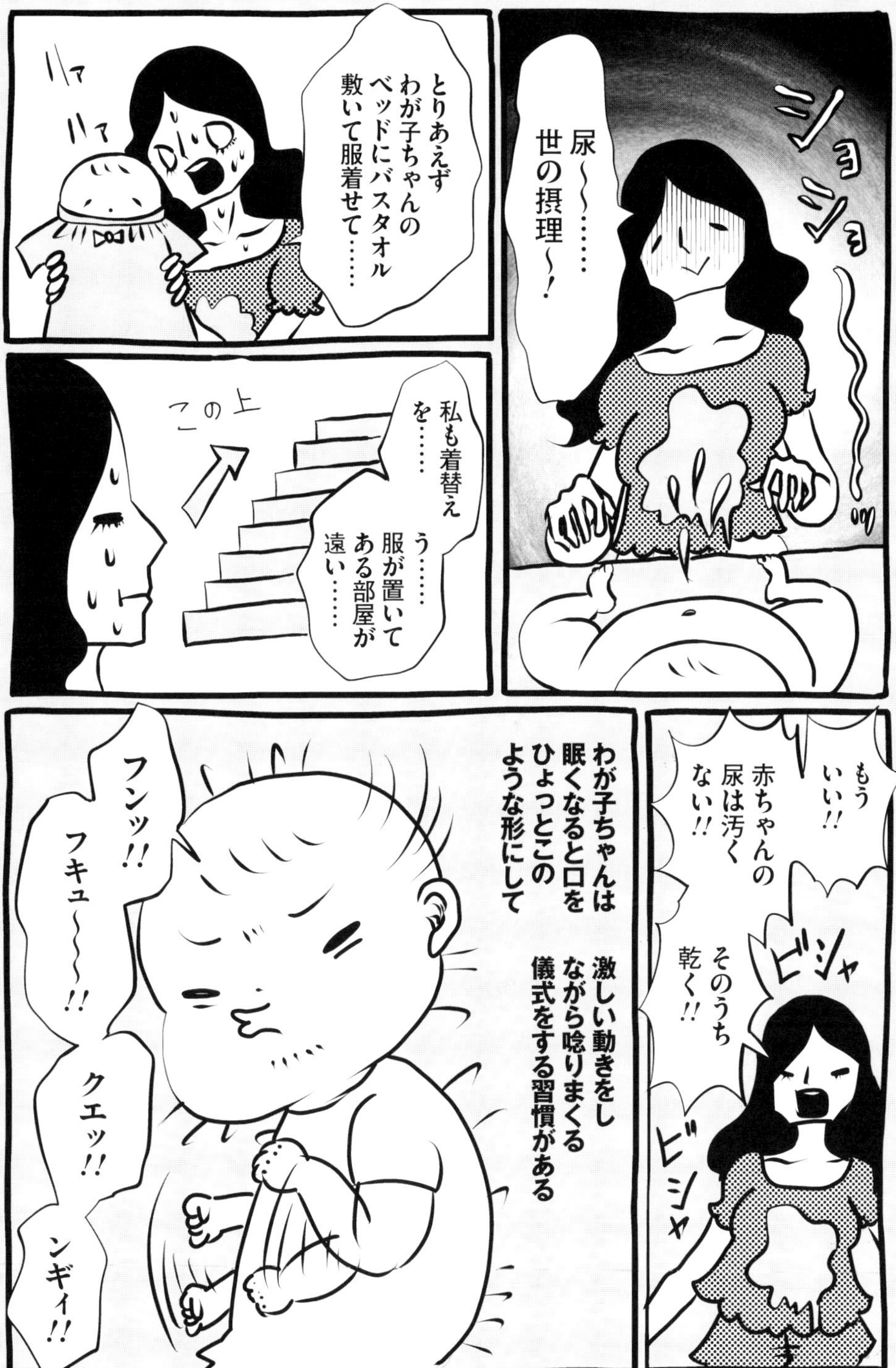
ショショショ
尿〜〜……世の摂理〜〜!
ハァ ハァ
とりあえずわが子ちゃんのベッドにバスタオル敷いて服着せて……
私も着替えを……
う……服が置いてある部屋が遠い……
この上
もういい!!
赤ちゃんの尿は汚くない!!
そのうち乾く!!
ビシャ
ビシャ
わが子ちゃんは眠くなると口をひょっとこのような形にして
激しい動きをしながら唸りまくる儀式をする習慣がある
フンッ!!
フキュ〜〜〜!!
クエッ!!
ンギィ!!

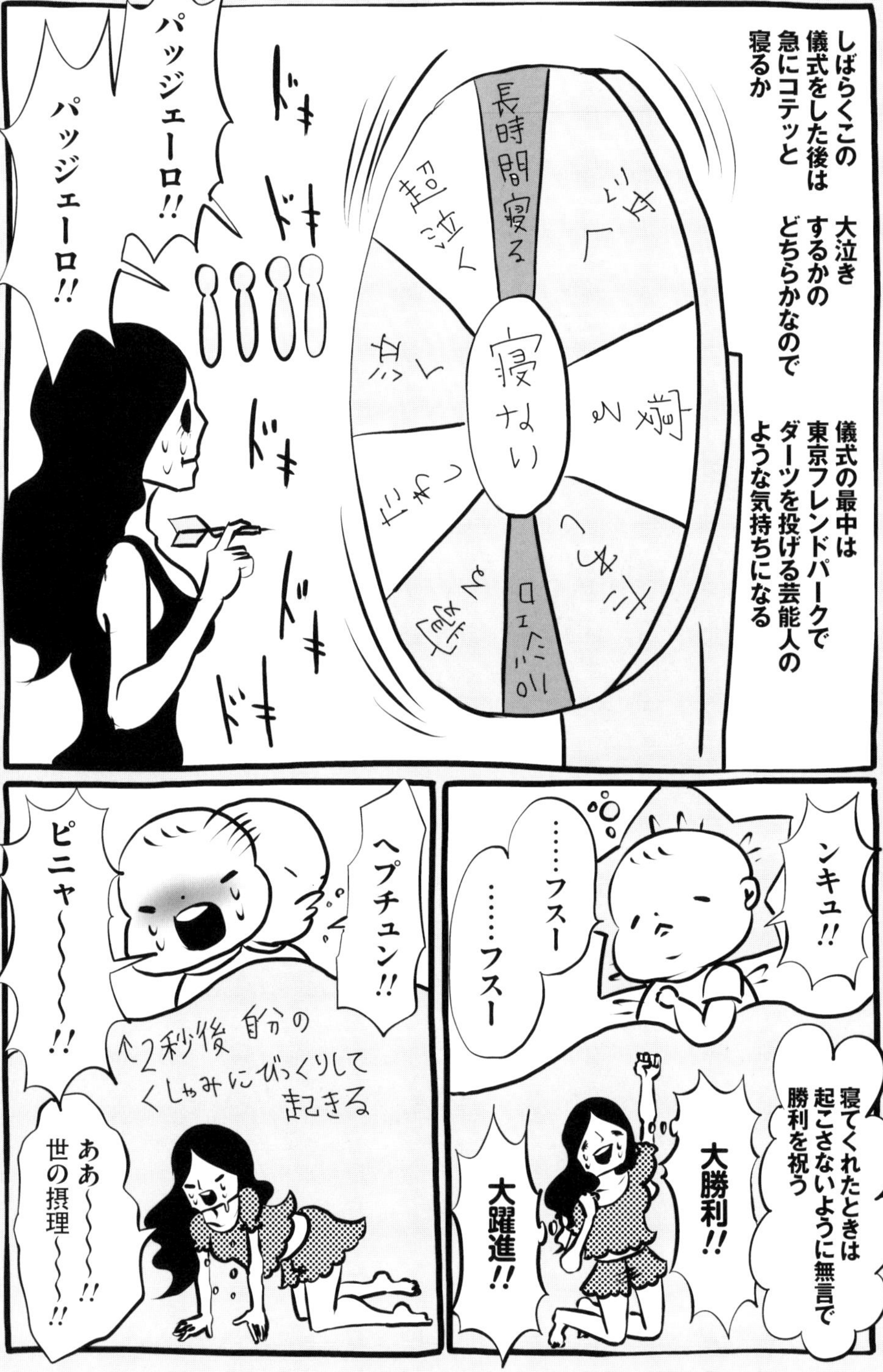
しばらくこの儀式をした後は急にコテッと寝るか
大泣きするかのどちらかなので
儀式の最中は東京フレンドパークでダーツを投げる芸能人のような気持ちになる
長時間寝る
寝ない
パッジェーロ!!
パッジェーロ!!
ドキドキ
ドキドキ
ドキドキ
ンキュ!!
……フスー
……フスー
寝てくれたときは起こさないように無言で勝利を祝う
大勝利!!
大躍進!!
ヘプチュン!!
ピニャ〜〜〜〜!!
↑2秒後 自分のくしゃみにびっくりして起きる
ああ〜〜〜!!
世の摂理〜〜〜!!

夜一時か……
フワ〜〜
あくびをしている……
眠いんだろ……
寝なよ……
もうその眠いのをめっちゃ我慢してる顔しなくていいから!!
眠いんなら寝なよ!!
ンギギ…
やっと熟睡してくれた……
私も寝よう
ガサ
ガサ
リビングの床に毛布とタオルケットを敷いて
授乳クッションを枕にして……と
いきだおれのよっぱらいのようだ……
悲しい……
翌朝
36・2℃になってたよ〜!!
ハッ

なゆちゃん本当におつかれさま!!
そこでなゆちゃんが寝てる姿を見て僕は思ったんだよ
よいつぶれてる人みたいだって?
違うよ!!
ラスボスと戦ったあとの勇者のようだったよ!!
チャラヒゲ……!!
こんなとこで寝辛かったよね
ごめんね
でも硬い床の上で寝るときは仰向けよりも横向きのほうが寝やすいって発見をしたよ!
ヘヘン!
ああ
そういえばよいつぶれてる人って横向きで寝てるもんね
結局よっぱらいなのかよ!!

第57話　マジモンの赤ちゃんの肌

生後1か月目
本来ならそろそろお宮参りの時期なのか〜
コロナが収束したら行ってみようか
わが子ちゃんにセレモニードレスとか着せたい！
うん！
この頃はコロナ禍が何年も続くとは思ってなかった!!
でもなんでお宮参りの写真ってどれも姑が主役みたいなやつなんだろ？
？
本来は赤ちゃんと姑と夫だけで行くものらしいよ
へー
産後1か月だとまだ体が元に戻ってないから
母親がおめかしして子連れで出かけるのは大変だからかな？
えーと……
「産後の女性は穢れとされているので神社仏閣に入るのは禁忌だから」……

オイ
そんな差別的なイベントには絶対参加しねーぞ！
そんなことより今日はわが子ちゃんの1か月検診の日だよ！
そうだった！
ファザーズバッグの準備準備！
ニコ
ニコ
退院の日はすぐタクシー乗って帰っただけだから
こうやってわが子ちゃんといっしょに外を歩くのって初めてだね～
……チャラヒゲなんでそんな笑顔なの？
なんかこう……
わが子ちゃんを自慢したい!!
ああ!! 知らない人に
「うちの子なんです!! かわいいでしょ!?」
「僕の妻が産んでくれたんですよ!!」
って話しかけてしまいそうだ!!
HAPPY!
絶対やめてね……

生後3か月くらいまでの赤ちゃんには
母親の体の女性ホルモンが残っている影響で
膣から経血がちょっと出る子もいれば
母乳が出たりする子もいて
赤ちゃんから出る母乳は「魔乳」という名称がついている
なんか名称がかっこいい……!!
そしてその女性ホルモンの影響で顔を中心にニキビぽいものができて肌が荒れるのが乳児湿疹
これは9割の子ができるという
ちょっとかわりそう…
わが子ちゃんは乳児湿疹できなくて運がよかったね〜
でも赤ちゃんの肌ってぷにぷにって印象だったけど
意外と硬くてザラザラしてるよね〜

※ステロイドは、量や薬効の強さなど、医師と相談の上使用するようにしてください

本来の赤ちゃんの肌は
こんなにピカピカでふわふわだったのか！
ピシャ
ピカ
「これでツルツル赤ちゃん肌に!!」
みたいな化粧水の広告よく見るけど何をどうやったって成人した人間がこの肌になるのは無理だろ……
なんか原料が違う感じするもんな
赤ちゃん肌に！
美
クリ
でもステロイドを塗った場所はめちゃくちゃ綺麗に治ったので
逆にステロイドを塗り忘れた部分だけ肌荒れが残ったのがすげえ目立つ！
よくネットで見る「このバストアップサプリでBカップがFカップになって夫から毎晩求められるように……!!」
という広告よりも嘘!!

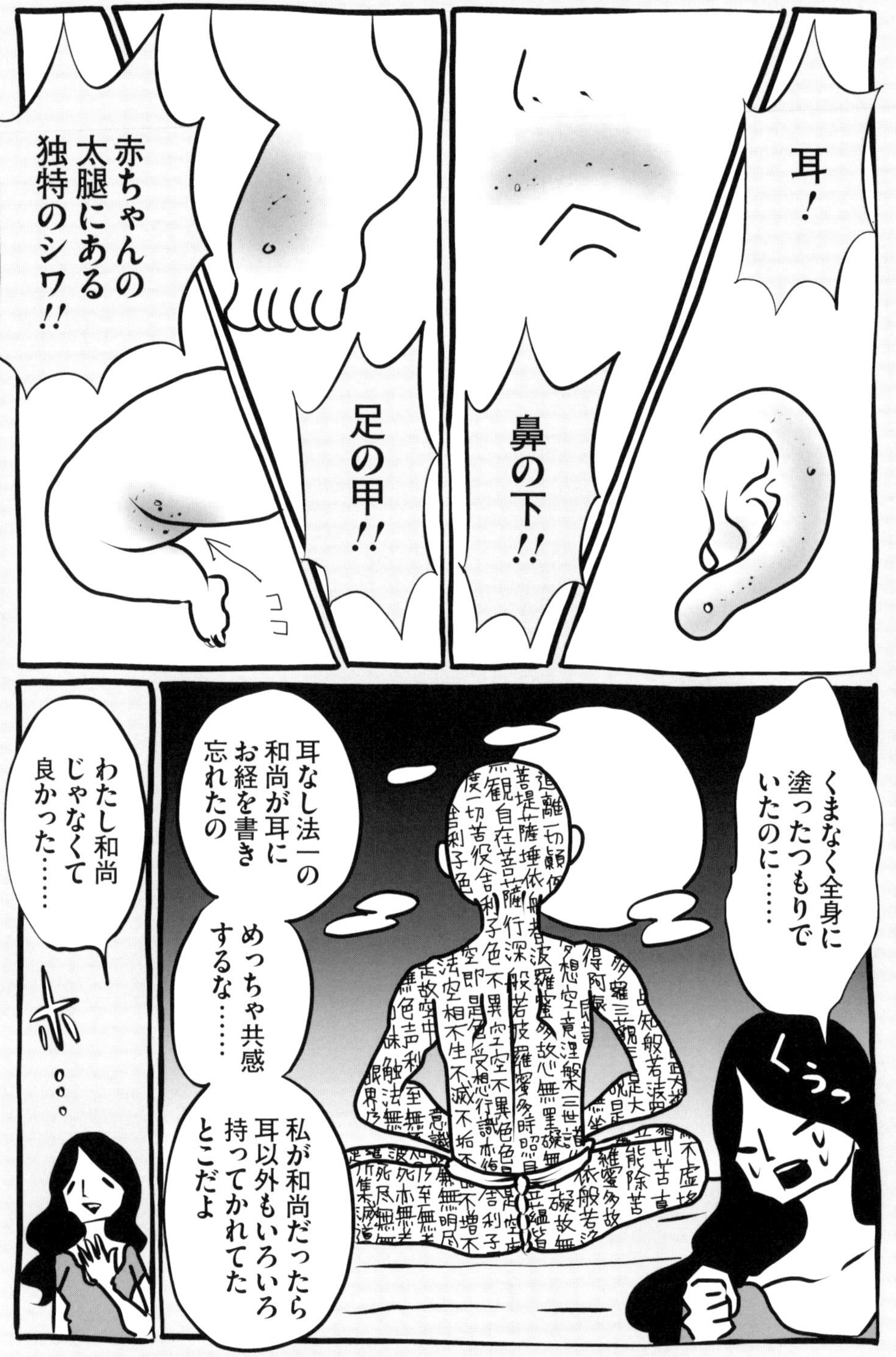
耳！
鼻の下!!
足の甲!!
赤ちゃんの太腿にある独特のシワ!!
ココ
くまなく全身に塗ったつもりでいたのに……
くうっ
耳なし法一の和尚が耳にお経を書き忘れたの
めっちゃ共感するな……
私が和尚だったら耳以外もいろいろ持ってかれてたとこだよ
わたし和尚じゃなくて良かった……
ホ…

第58話 私育児向いてない

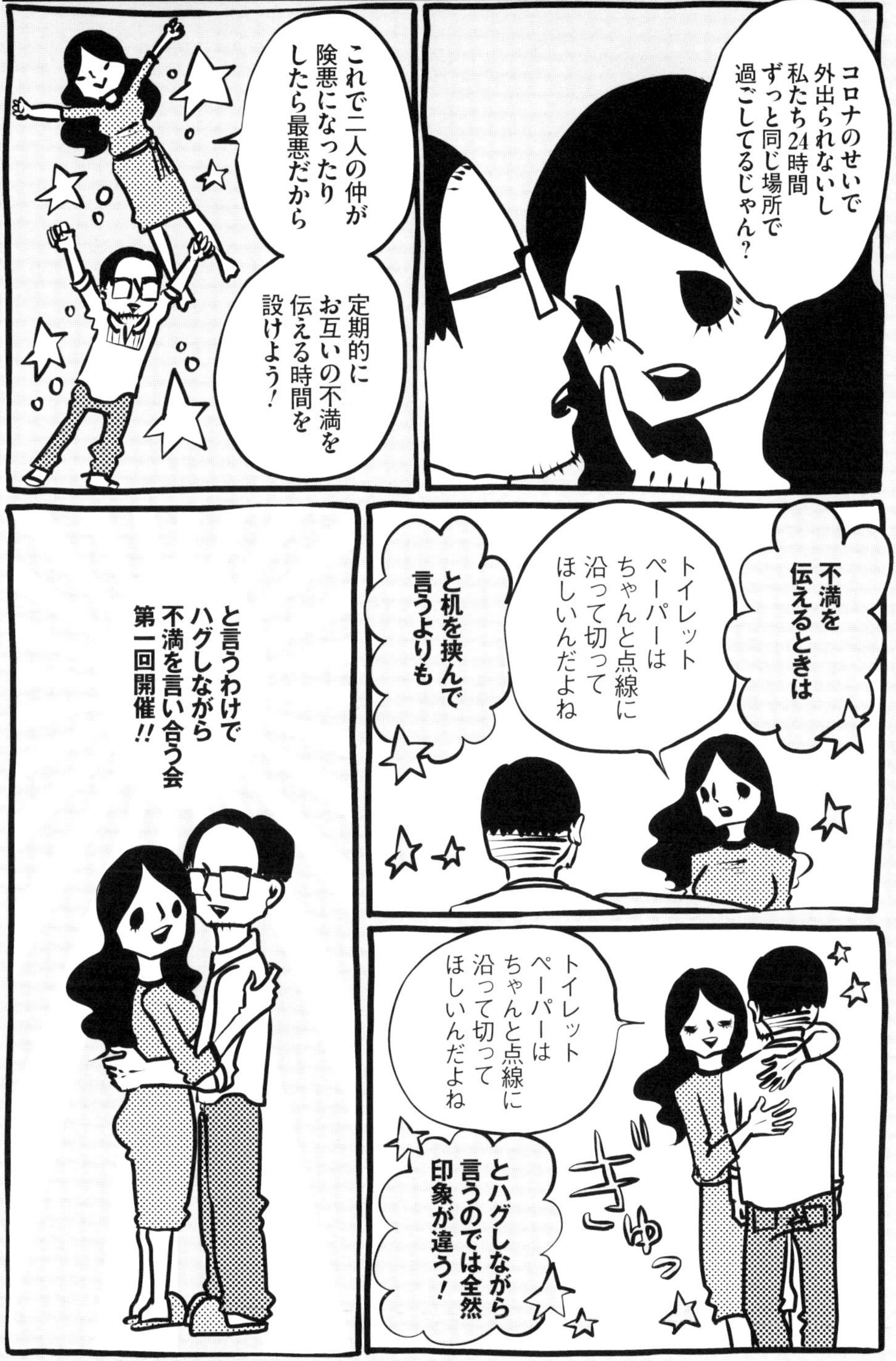

コロナのせいで外出られないし私たち24時間ずっと同じ場所で過ごしてるじゃん？
これで二人の仲が険悪になったりしたら最悪だから
定期的にお互いの不満を伝える時間を設けよう！
不満を伝えるときは
トイレットペーパーはちゃんと点線に沿って切ってほしいんだよね
と机を挟んで言うよりも
トイレットペーパーはちゃんと点線に沿って切ってほしいんだよね
ぎゅっ
とハグしながら言うのでは全然印象が違う！
と言うわけでハグしながら不満を言い合う会第一回開催!!

じゃあ
チャラヒゲからね！
うんっ!!
ぎゅっ
なゆちゃんに不満なんて一個もないよッ♡
じゃあ次は私ね！
ちょっとした不満を言語化するのはわりとダルい行為であることは分かってるんだけど
そのうち不満が溜まってある日キレられたりするほうが迷惑なのでめんどくさがらずにちゃんと伝えてほしいっ!!
ぎゅっ
ハイ！
じゃあもう一回チャラヒゲの番!!
う……
うん……
えっと……
なゆちゃんたまに食器洗ってくれるけどもうちょっと丁寧に洗ってほしい……かな……？
え!?
洗えてなかった!?
ガタッ

うん……お皿の裏側とかタッパーとかけっこう僕が洗い直してて……
えっ⁉
だってタッパーなんてどんだけ丁寧に洗ってもベタつくものじゃないの⁉
えーと……丁寧さの基準が違うんじゃないかな……
ヒエッ!!
あとシンクの中にスポンジを置きっぱなしにするのをやめてほしいかな……
ヒエッ!!
あとヘアピンを床に落としたら拾ってほしいかな……
ヒエッ!!
な……なんかごめんね……？
く……っ
私がショックを受けていることにチャラヒゲは心を痛めているようだったが
夫婦円満でい続けるためには必要な作業なのだ!!

とは言えたまにクソしょうもないことを発端に言い合いになることがある
スナフキンってよく釣りしてるけど魚食べるのかな?
妖精なのに?
え?
ムーミンは妖精だけどスナフキンは人間だよ
いや
スナフキンも妖精だよ
ハァー!? 違うし!!
スナフキンはどう見ても人間だしー!!
妖精だって!!
じゃあ今から検索するからな!!
これで晴れてスナフキンが人間だってことが証明されたらなー!!
可愛いポーズで「ごめんなちゃ~い♡」って言えよな!!
ごめんなちゃ〜い
妖精だったらなゆちゃんがやるんだからね!!
おう!!
やってやんよ!!

ポチ
スナフキン
えーと スナフキンは ムムリク族という 妖精の一種……
……
ご…… ごめんなちゃ〜い♡
うんっ♡ いいよ♡
謝罪はいつも 「可愛いポーズで 『ごめんなちゃ〜い♡』 と言う」にしている
そういえば チャラヒゲ わが子ちゃんの お世話で 疲れてない？
大丈夫？
最近は わが子ちゃんも わりと長めに 寝てくれてるし 前よりかは全然 元気だよ〜！
本当に!?
本当 だよ〜！
私なんて4時間 みてるだけで マジで限界が くるのにすごいね！
やっぱ チャラヒゲは 育児に向いて るんだね！
私育児 向いて ないわ〜
そっか〜

……
カタ
カタ
……
ピコッ
ピコッ
……
さっきは「育児に向いてる」とかっつってチャラヒゲが長時間育児を担えていることは天性の才能であるような言い方で
チャラヒゲの日々の努力を無視するかのような発言をし
最敬礼
そのうえ自分が育児できてない言い訳として
「向いてない」とかゴミみたいなことを言ってしまって本当に申し訳ありませんでした!!
うん♡
わかってくれたらいいんだよ♡
ぎゅっ
ごめんなちゃ～い♡では済まされないこともある!!

第59話 ミニスカートで1か月検診

でも笑顔になるとやっぱりエイの裏側の顔になる
にへらっ
わが子ちゃんが生まれて以降二人でずっと家にいるのでもう一緒にいるの飽きたとかなるのを恐れていたが
今日私の1か月検診だから病院行ってくるね～
え～!! なゆちゃんと離れ離れになるなんてさみしいよ～!!
2時間くらいで戻ってくるよ!?
それにしても妊娠後期にできた妊娠性掻痒の湿疹の痕がひどいな……
これ消えるのに2～3年はかかるだろ……
せっかく腹がへこんで好きな格好できると思ってたのに
しばらくは脚出す服装できないなー……
長ズボン

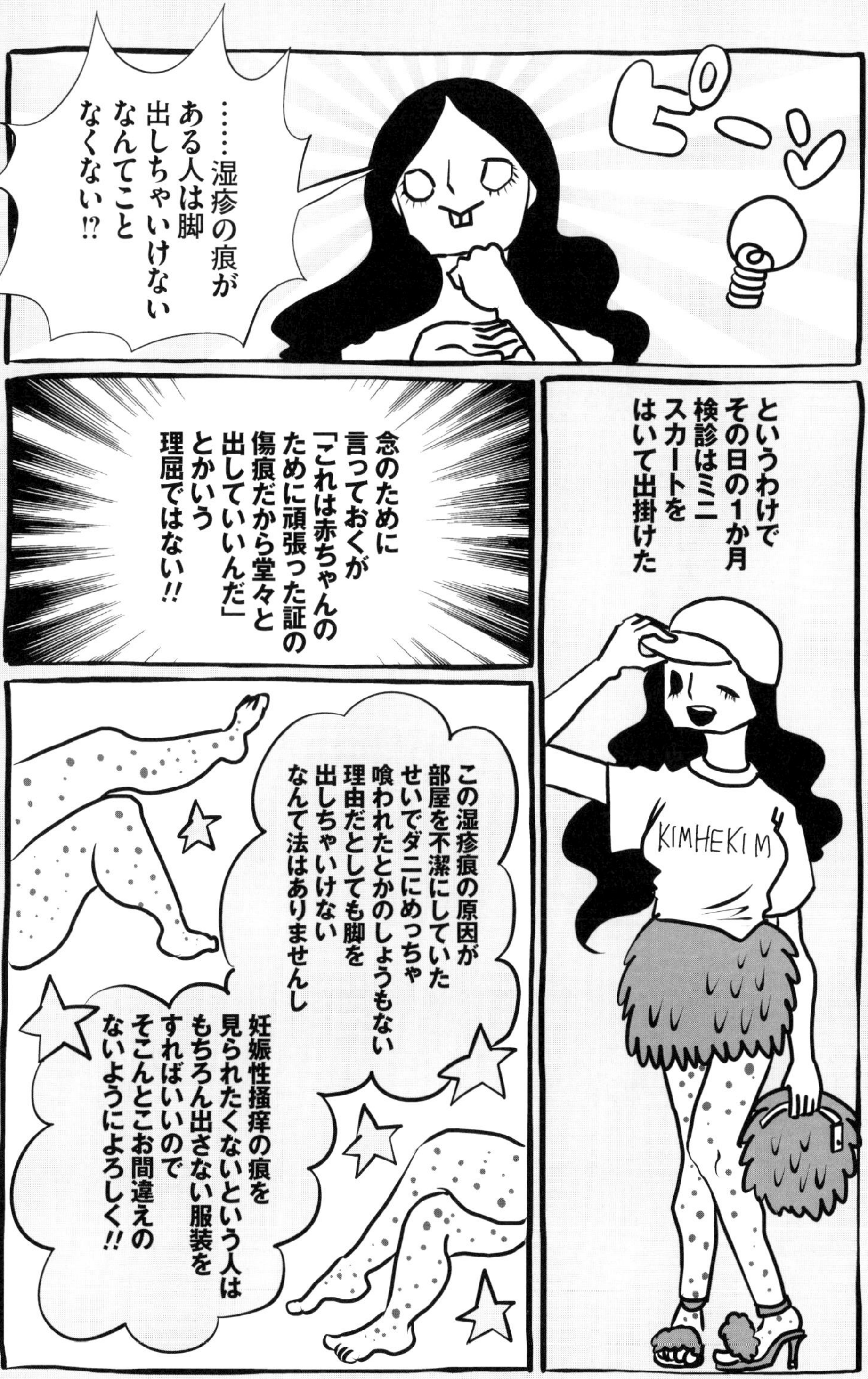
ピーン
……湿疹の痕がある人は脚出しちゃいけないなんてことなくない!?
というわけでその日の1か月検診はミニスカートをはいて出掛けた
KIMHEKIM
念のために言っておくが「これは赤ちゃんのために頑張った証の傷痕だから堂々と出していいんだ」とかいう理屈ではない!!
この湿疹痕の原因が部屋を不潔にしていたせいでダニにめっちゃ喰われたとかのしょうもない理由だとしても脚を出しちゃいけないなんて法はありませんし
妊娠性掻痒の痕を見られたくないという人はもちろん出さない服装をすればいいのでそこんとこお間違えのないようによろしく!!

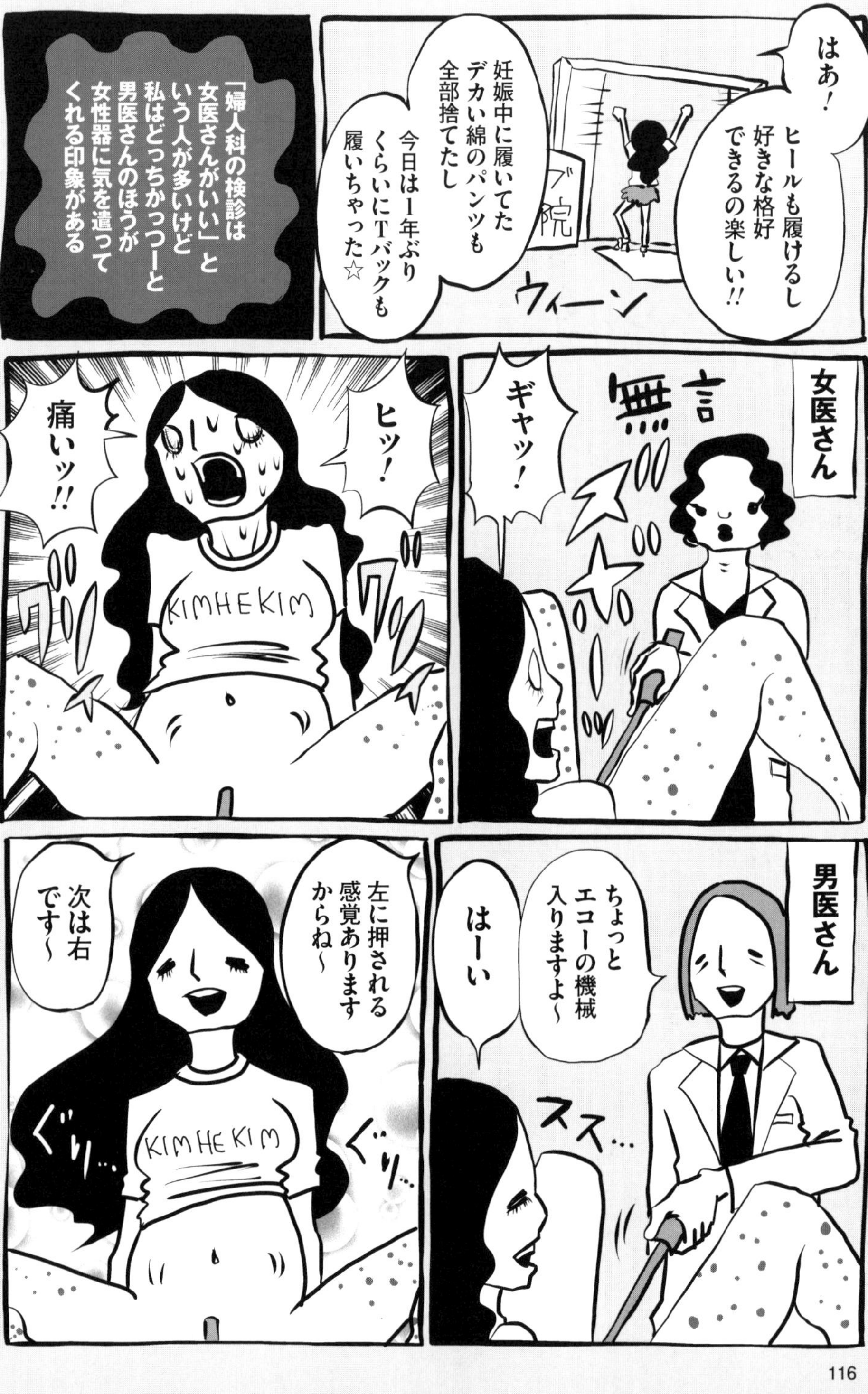
はあ！
ヒールも履けるし好きな格好できるの楽しぃ!!
ウィーン
妊娠中に履いてたデカい綿のパンツも全部捨てたし
今日は1年ぶりくらいにTバックも履いちゃった☆
「婦人科の検診は女医さんがいい」という人が多いけど私はどっちかっつーと男医さんのほうが女性器に気を遣ってくれる印象がある
女医さん
無言
ギャッ！
ヒッ！
痛いッ!!
男医さん
ちょっとエコーの機械入りますよ～
はーい
スス…
左に押される感覚ありますからね～
次は右です～
ぐり…
ぐり…

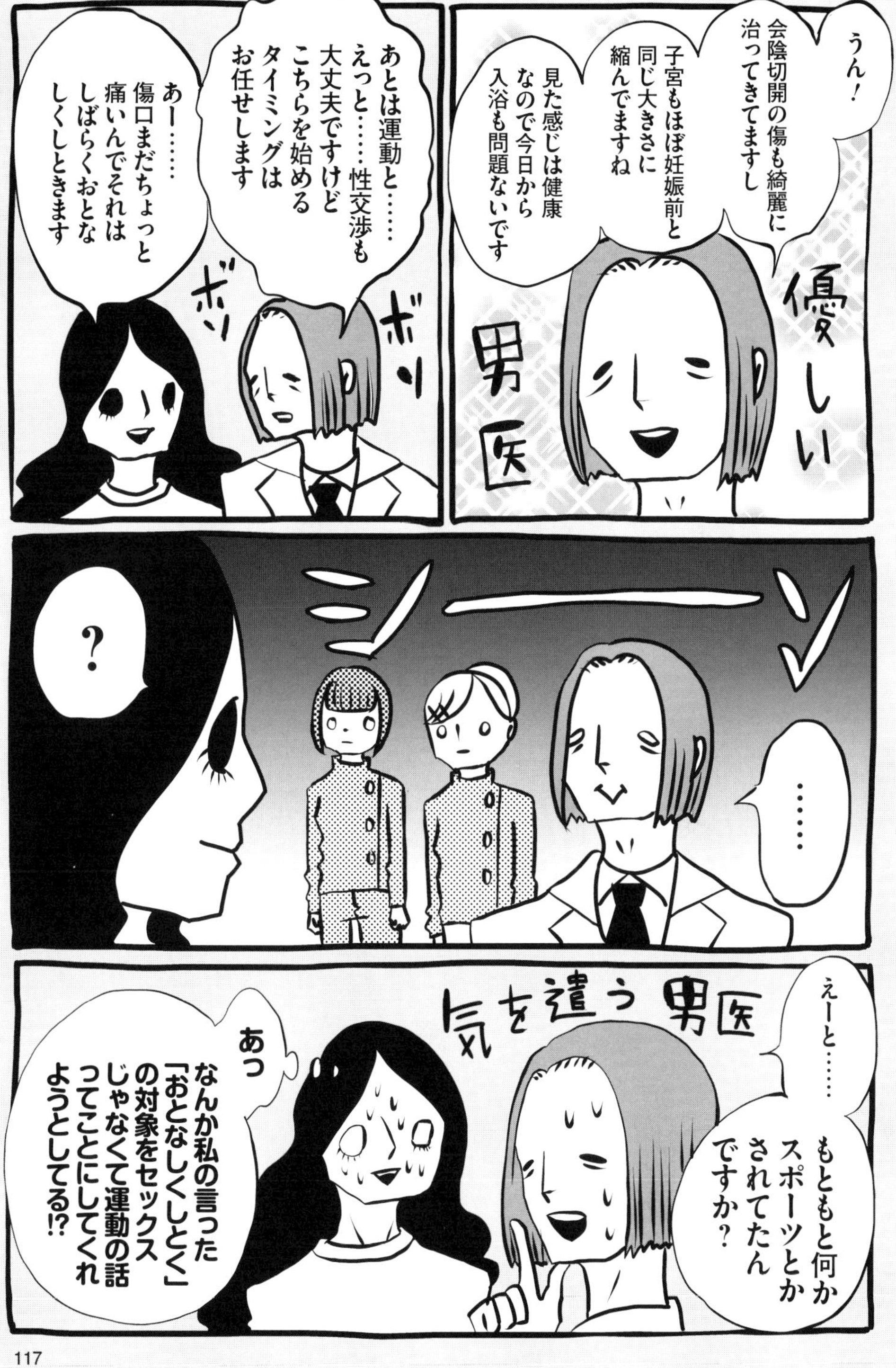

うん！
会陰切開の傷も綺麗に治ってきてますし
子宮もほぼ妊娠前と同じ大きさに縮んでますね
見た感じは健康なので今日から入浴も問題ないです
優しい男医
あとは運動と……えっと……性交渉も大丈夫ですけどこちらを始めるタイミングはお任せします
ボソ
ボソ
あー……傷口まだちょっと痛いんでそれはしばらくおとなしくしときます
シーーーン
……
？
えーと……
もともと何かスポーツとかされてたんですか？
気を遣う男医
あっ
なんか私の言った「おとなしくしとく」の対象をセックスじゃなくて運動の話ってことにしてくれようとしてる!?

いえ
スポーツは
まったく
しないです
シーーン
……
あ〜〜〜〜!!
何も考えずに
事実を言った
だけなのに
セックスの話をして
いるっぽい雰囲気を
強調してしまった!!
……
帰宅後
Tバックのせいで
痔が再発した……
ううう……
調子こきすぎた……

第60話 どうする？ しちゃう？

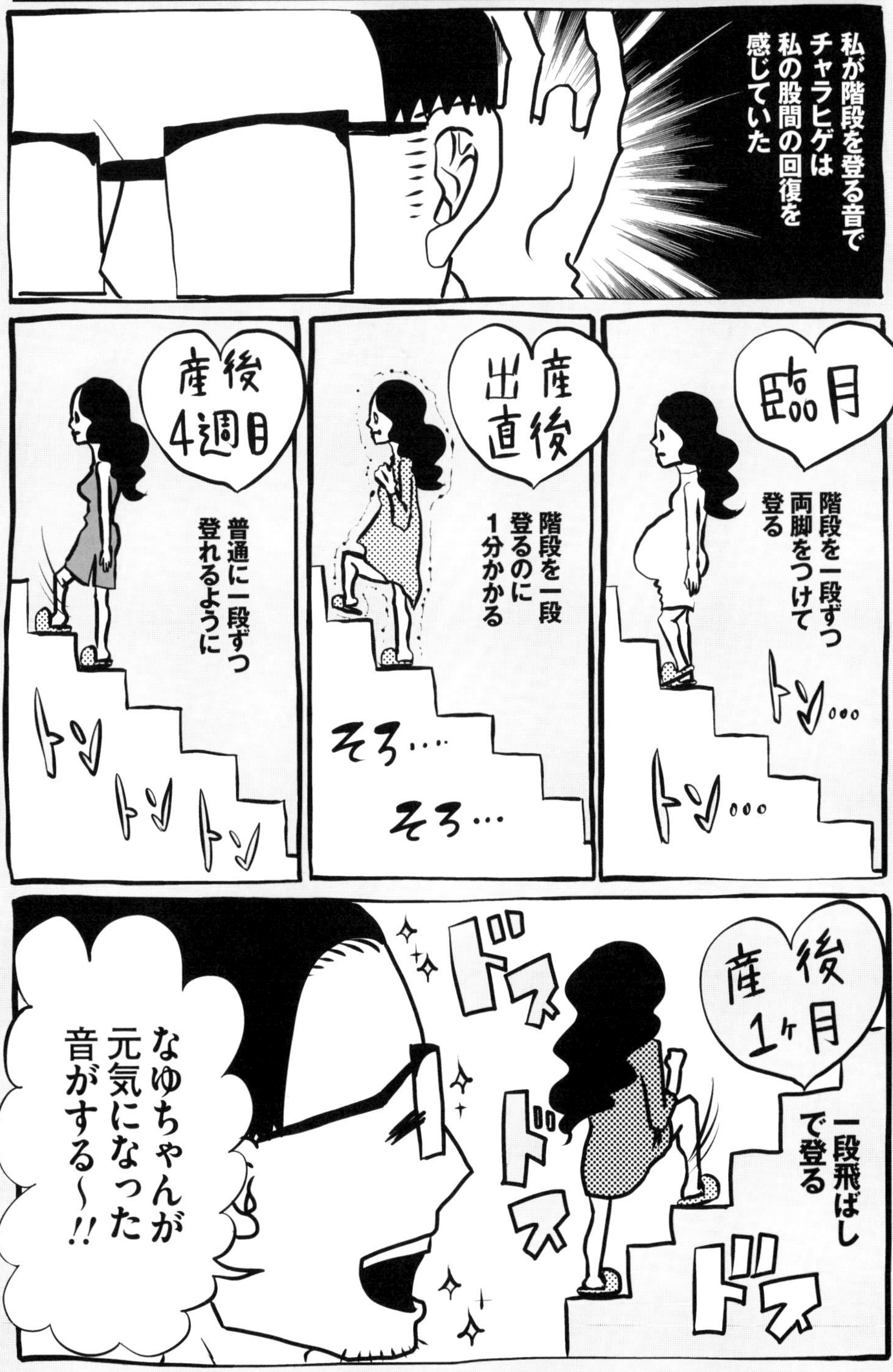

なゆちゃんお風呂入れたよ～!!
わーい！1か月ぶりに湯船入れる～！
じゃああとで覗きにいくね！
アハハ 待ってるね
ちゃぽん…
ふー
ギイイイ…
THE SHINING
なゆちゃん……
ヒッ！
さっきの覗き発言は本気だったのかよ!!

なゆちゃん
今……
裸なの
……?
え……
そうだけど……
そうなんだ
へぇ
フフフ……
あっ
ジャマしてごめんね
ゆっくりしてね!
なんなんだ……
お風呂上がったよ~
じゃあ僕もなゆちゃんが入ったあとのお風呂に入ろうかな!
その「なゆちゃんが入ったあとの」ってやつ必要カナ!?

最初は「なゆちゃんのエキスが入ったお風呂」って言おうとしたんだけど
気持ち悪いかなと思ってマイルドな言い方にしたんだよ!?
じゅうぶん気持ち悪いよ!!
だってなゆちゃんエキスの入ったお風呂に入れる男なんて世界に僕だけでしょ!?
妊娠中
立ち会い出産すると妻に性欲持てなくなったって話よく聞くよね～
出産後の女の人は性欲が一切なくなる人が多いって話も聞くよ
お互い性欲なくなったら問題ないけど
片方があって片方だけなくなると困るよね～
ヤダッ!!
ずっとお互いに性欲を抱いていようよ!!

えー?
どのみち歳とればどっちかが性欲なくなるじゃん
ビンビン射精おじいちゃんとかキモいよ
ビン
ビン
イヤだッ!!
僕はビンビン射精おじいちゃんになるッ!!
いや実際産んだあとじゃないとチャラヒゲの性欲なくなるかどうか分かんないじゃん
などと懸念はしていたものの
臨月に入ってからしてないからもう2か月もなゆちゃんとセックスしていない……!!
う……
そんなふうにボディラインを見せつけられるともう我慢できないよ!!
この姿に欲情できるのはすげえよ
← 上下ヒートテック

とはいえ私も出産直後から
めちゃくちゃ性欲があった
臨月になってからはオナニーすらできなかったからな……
産んだら産んだで会陰切開の傷でオナニーどころじゃなかったし……
ギャアッ
しかしその間も私の性欲は溜まり続けていた!!
イチャ
イチャ
あっ♡
硬くなってるぅ♡
ひゃっ♡
……どうする?
ハァ
ハァ
……しちゃう?
ハァ

to be continued……

チャラヒゲも一応会社員なんでいろいろ事情がありまして……
というわけでチャラヒゲというのは架空のキャラクターであり
実在の人物団体とは一切関係がありませーん！
架空だよ！
ということでよろしくお願いします！

「わが子ちゃん」の続きは、
Webサイト「女子SPA!」で
連載中です!

http://joshi-spa.jp/

峰なゆかの育児漫画
わが子ちゃん
NAYUKA MINE
峰なゆか

妊娠・出産・育児のモヤモヤに斬り込む
令和の育児漫画の金字塔として話題騒然!
続きは、Webサイト「女子SPA!」で連載中です
(一般公開後、無料会員限定に)。
女子SPA!は、大人の女性のホンネに向き合うWebサイトです。
峰なゆかさんの『アラサーちゃん』名作選も掲載中なので、
ぜひご覧ください!

わが子ちゃん 3

2023年6月10日　初版第1刷発行

著　　者　峰 なゆか
発 行 者　小池英彦
発 行 所　株式会社 扶桑社
〒105-8070　東京都港区芝浦1-1-1
電話　03-6368-8875（編集）
　　　03-6368-8891（郵便室）
www.fusosha.co.jp/

装　　丁　濱中幸子（濱中プロダクション）
印刷・製本　大日本印刷株式会社

ISBN 978-4-594-09494-2

初出
女子SPA!（joshi-spa.jp/）　『わが子ちゃん』第41話～第60話